U0577340

谓懂管理是会带人

人、管事到管心

快速打造自己的虎狼团队

倪燕 ◎ 著

黑龙江教育出版社

图书在版编目（CIP）数据

所谓懂管理，就是会带人 / 倪燕著. -- 哈尔滨：
黑龙江教育出版社, 2017.5
（读美文库）
ISBN 978-7-5316-9250-8

Ⅰ.①所… Ⅱ.①倪… Ⅲ.①管理学—通俗读物
Ⅳ.①C93-49

中国版本图书馆CIP数据核字（2017）第146432号

所谓懂管理，就是会带人
Suowei Dong Guanli Jiushi Hui Dairen

倪　燕　**著**

责任编辑	徐永进	
装帧设计	MM末末美书	
责任校对	程　佳	
出版发行	黑龙江教育出版社	
	（哈尔滨市南岗区花园街158号）	
印　　刷	保定市西城胶印有限公司	
开　　本	880毫米×1230毫米　1/32	
印　　张	7	
字　　数	140千	
版　　次	2017年8月第1版	
印　　次	2017年8月第1次印刷	

书　号　ISBN 978-7-5316-9250-8　　　定价　26.80元

黑龙江教育出版社网址：www.hljep.com.cn
如需订购图书，请与我社发行中心联系。联系电话：0451-82533097　82534665
如有印装质量问题，影响阅读，请与我公司联系调换。联系电话：010-64926437
如发现盗版图书，请向我社举报。举报电话：0451-82533087

　　中国唐代伟大的诗人李白曾经挥笔写道："蜀道难，难于上青天。"如果用这句话来形容带人，是一语中的，毫不夸张地指出了现实企业管理中带人所存在的巨大困难和痛苦。

　　因此本文的作者运用其多年一线的管理经验和深刻的文笔向我们展示了他对于带人的理性分析和真知灼见。在现实的企业管理中，带好人可以产生巨大的经济利益和社会效益，可以树立个人权威和巩固地位，可以带来团队的精神和力量。但如果带不好人管不好团队，怎么办？比如：

　　你的下属并不是你想要招的人，怎么办？

　　你的下属不仅不信赖你，还常常给你制造麻烦，怎么办？

　　你跟你的下属根本无法进行有效的沟通，怎么办？

　　你下达的命令，下属无法很好地去执行，怎么办？

　　你不知道哪些事情可以授权给下属，哪些又不可以，怎么办？

　　你的激励，对下属不再有效，怎么办？

　　你的团队已经一盘散沙，效率低下，缺乏信心、目标和愿景，怎么办？

身为管理者，其主要任务就是选人、育人、用人、留人。在现代社会中，管理已由单纯的一种职能发展成一种被认为高尚优越的职业。在你的职业发展中，也许会有很多标准来衡量你的成功。而事实上这些标准建筑在一个隐含的基础之上：你的成功并不是靠你自己去取得，而是你带领你的员工去取得。成就你事业的并不是那些看得见的东西，而是你和员工的关系，以及员工之间的关系是否处于一种高效的状态。

会带人的领导，带出一群"狼"，不会带人的领导，只会带出一群"羊"。失败的管理者事必躬亲，靠一己之力去解决问题；成功的领导者懂得把身边的庸才变成干将，人尽其才、各尽其用，把企业做强做大。

本书正是立足于解决这一系列"怎么办"，并且在一步一步地解说中引导我们的领导水平走向卓越。

也许一切正如作者所言："我们不仅仅应当胜任，更重要的是我们需要卓越。"这或许正是本书的魅力之所在。

目 录
Contents

第九章　避免带人失误的方法

第一章

带人先要找对人：找好员工的方法

只有找对人才能做对事

你也许已经给了你的员工很优厚的待遇，或是为了培养他们而花费巨大的心血和财力。而他们却弃之不顾，甚至将你的客户、内部资料乃至员工都席卷而去，这不仅对你的企业造成重大损失，还对你本人的自尊造成莫大的伤害。为了尽可能减少这类事的发生，你应该做些什么呢？

在一开始找到优秀的人才，对企业来说是至关重要的。而且这显然比以后解雇差的人员要容易一点。但是由于某些原因，一些企业老板在招聘员工组成企业中最重要的第一线服务队伍时，往往忽视一些警示性的迹象。1994年，在美国发生了一起工作场所恶性暴力案：一家快餐连锁店的老板要求他雇用的一名男子离职，这个男子拒绝了这个要求。最后，这位男子持枪在店里出现。当他发泄完怒气时，6人被击伤。调查此案的警察和店家管理者发现，该男子曾被同一街区的另外几家快餐店解雇，都是因为他曾经暴露过一些举止上的问题，而且就在这家雇用他的连锁店的人事档案中还有一份"不推荐他重新受雇"的书面材料。由于该店管理不善，他的档案被搁在连锁店总部，于是他设法通过一种不引人怀疑的办法再次被雇用。

美国西南航空公司是全美八大航空公司中规模最小的一家，但它近30年来连续赢利，这在航空业中是绝无仅有的。它成功的奥秘在于它招聘空姐的政策很特别：为保证乘客真的对空姐满意，请了20多位乘客来做评委，给应聘者打分。它认为，如果这些乘客不喜欢应聘者，那么这些小姐长得再漂亮也毫无意义。而且由乘客自己挑选的空姐，至少在培训方面的成本会降低，因为她们本身就是乘客喜欢的空姐。

因此说，只有找对人才能做对事。因为一般来说，高素质的人较少犯错误，他可以让你的企业获得更高的生产率，更重要的是这种人能独立地解决工作中出现的问题。所以你要试着只雇用那些聪明的，并能够了解你的工作系统的人。这种人效率更高，会以自己的方式去提供良好的顾客服务。他们不仅比同业竞争者雇用的员工工作得更出色，还不需耗费太多的精力来指导他们，能节约培训的成本。即使你付出再多的薪资也很值，因为你使自己更有效率了。举一个汽车销售的例子：一位汽车销售商手下的全部雇员每月能为他卖出100辆车，平均每人卖8辆车，就表示他大概需要12位业务员；而另一位经销商的业务员平均销售量是每月12.5辆，如果每月售出也是100辆车，那么他只需雇用8个人，其办公室里减少了4套桌椅、4部电话和4位支薪人员，他将省下4个人的工资做奖励金以吸引更杰出的业务员。如此一来，他这里能赚到高薪的事实就会传遍业内，他就能吸引业内最优秀的业务员来为他工作。这一切都归功于他以较少的业务员就可达成销售目标，使每一辆汽车的销售成本降低，结果大家都是赢家。

招人三步到位

如果一个经理所做的决定中有一半以上是正确的已经算很好了，这已成为大家的共识。经营业绩优异的公司的经理一般能超过平均水平，这大概是他们的公司能够一枝独秀的原因。

然而，在选择员工时，很多公司作出正确选择的机会甚至达不到50%。选择员工的程序不完善，往往根据没有事实基础的个人想法来进行，与感情，猜测、臆断及偏见相互纠缠。

"三步法"是一套选择员工的正确逻辑程序。掌握它，在选择合格人才以及提高企业绩效方面，你都会胜人一筹。

在运用"三步法"招聘之前，必须做的是归纳填补职位空缺后希望获得的成效，然后分析能够取得这些成效的人选。这一阶段所做的一切对面试和评价至关重要。其结果为要求候选人所具备的素质提供了基本依据。

这个过程使你在招人前就知道什么人最适合填补这个空缺。这是整个选才过程最关键也是最容易被忽视的环节。

"三步法"的第一步是列出你对这个员工的表现有何期望。

填补这个空缺会给公司带来什么成效？能满足什么需要？希望达到什么结果？

所有工作都可以定量。即使像研究工程师这类看似难以衡量的工作，也可以评定其表现。比如，为工程师确定一个目标：在12个月内设计出3个新方案。如果他干了一年却拿不出一项新产品，你就该质问自己为什么要聘用他。

因此审查希望实现的结果是得出合理期望的最简单最直接的办法。我们可以假设这样一种情况：如果去年聘了这个人，他应该已经取得了什么成果？主要分以下几个阶段进行考察。

首先在形成阶段，你会问自己是否真需要人。可能发现你所需要的已经存在于公司内部，在某个人，甚至几个人身上能找到。

有时你也会发现自己的期望不现实。扩张的决定可能与公司的现实能力不相符。

期望一旦形成，就可以准备这一阶段的下一步工作了。此人应具备什么素质才能实现你对他的期望？答案来自两个方面：成功模式和个性特点。

成功模式由经验、成就和技巧组成。它不取决于有多少年的经验，重要的是应聘者在相关经历中取得过什么成就。

只有一年工作经验的人很可能在能力上并不亚于一个把一年经验重复了十遍的人。其次在归纳分析阶段，最好把所有经理召集起来，共同商讨加入本公司职员必须具备的个性特点。

每个公司都应该有一个普遍的个性要求，它决定公司的个性。包括，什么样的个性？展现给外界什么形象？如果你的公司是个充满活力、行动迅速的机构，那么应聘人也要具备这些特质。

研究本公司的成功者是最佳途径。一旦发现本公司最重要、最有成绩、最富效率的人的共同个性特点，你就找到了评估优秀求职者的标准。

其次是面试。

面试的基本假设是求职者将来的工作表现会跟过去相同。通常情况下，这个基本假设是成立的。如果了解了候选人过去取得过什么成绩以及如何取得这些成绩，对他今后的工作表现就会有一个大体的了解。

面试前，应该分析个人简介、申请表以及你听来的信息，深入挖掘被面试人的背景，获得有关他们的成绩、他们对未来的设想等方面的第一手资料，然后对照自己的需要，准确评估这些资料。

成功完成面试的最好办法是结合归纳分析阶段的结果，即明确对候选人的要求，他们应对公司作出何种贡献以及他们将来如何与公司协调一致。如果没有归纳分析阶段，面试就成了一般对话了。

面试前，要决定你将花多少时间调查候选人哪些方面的经历。对经验丰富的招聘人员来说，跟年轻人谈话时应该更注重他们的教育背景；与经验丰富的专业人士，则应深入了解其最近几年取得的成绩。

面试过程中，要让候选人不断说话。因为，你的兴趣在于候选人说什么，以及他们所说的是否符合你所要求的成功模式以及个性特点。

面试的成功建立在"八二原则"上，即80%的时间是候选人在说话，而20%的时间是你在说。遵守这一原则，你就会提出正确的问题，恰到好处地得到对方的回答，了解到所需的关于候选人的情况。

不要问能用"是"或"不是"来回答的问题。开放的、需要展开讨论的问题效果会更好。诸如"你喜欢上一份工作吗？"这类问题是封闭性的。你很可能只会得到一两个字的答案，从中几乎得不到任何有关候选人的有用情况。而这样问就好多了："你为什么喜欢这个工作？"

最后是评价。

在面试后，就应该对候选人做更为详细的评价。把最后的人选与分析阶段得出的要求进行比较，然后在候选人之中进行选择。

分析在面试阶段得到的信息，确定该人选是否具备你所期望的成功模式和个性特征（是完全具备，或不太具备，还是不能确定）。

在比较两个人谁是最佳候选人时，综合一个候选人的所有评价结果，由此得到这个人的整体印象，与另一个候选人所有评价结果进行比较，判断其中一位哪些方面比另一位强。

必须服从直觉，直觉在招聘中起非常大的作用。即使整个招聘过程都没有问题，假如直觉中有一个声音在耳边低声说不行的话，也必须把它调查清楚。如果在选择过程中不能消除心中的疑虑，最好不要聘用这个人。

招人要注意的八个问题

选择人才要避免最精明的经理人也会常犯的错误。即使最精明的经理人，也可能落入雇工错误的陷阱。

以下是在招聘中常犯的一些错误。

1. 仓促招聘

匆忙地进行招聘，一般容易使标准降低，或者忽略了应聘者的负面因素。由于招聘工作一般需要90~120天，因此，如果一位身处高位的要员突然辞职，招聘他的继任者的工作就应立刻进行；如要增设新职位，更应提前3~4个月进行招聘。

2. 依赖面试评价应聘者

常用的面试对于提高招聘的准确率贡献很小，仅仅能增加2%的准确性。换句话说，如果我们抛硬币，有50%的概率是正面朝上，如果加上面试，这个概率只能变成52%。

为什么面试的效率这么差，却依旧是常用的选拔手段呢？专家们提出了三种解释：第一种是绝大多数管理者在面试前没有规划好面试的结构，也没有确定好何为合格的答案；第二种是应聘者们比绝大多数的管理者要有更多的面试经历，对如何呈现一个好印象也更有技巧；第三种是面试的确能使管理者了解应聘者是否容易相处与合作，这也许是为什么面试对于应聘者未来工作绩效的预测力不高，但管理者依旧采用的重要原因。

3.用最好的人，而不是最适合那份工作的人

不要为了符合应聘者的能力，而把职位提高至超出本来的要求。为了避免聘用资历过高而最终可能厌倦或离开的人才，雇主需研制一份实际的要求细则，并在招聘时以它为范本。

4.用成功员工作榜样

以一个成功员工的特点作为选择的标准，听上去似乎挺有道理，但问题在于区别成功与不成功员工特点常常是不清晰的。比如说，在一个对70多个公司近千名优秀推销员推销技巧的分析中发现，这些优秀推销员都有三个相似的特征：①在遇到拒绝时具备高超的表达技巧；②外表整洁；③穿着相对保守、不新潮，特别爱穿黑色的鞋子。但是，当研究者对这些公司中业绩最差的推销员进行分析时，发现他们也具

有上述相同的三个特点。这表明：在对业绩优秀者与业绩不佳者的特点进行区分过程中，必须验证这种区分方法与技术的有效性。否则，管理者们可能会挑选出貌似优秀实际上却很差劲的应聘者。

5. 采用归纳法

询问应聘者一些能具体以数据表示的成就，以证实他的自我介绍。采用计分法也可有效地对应聘者作出测试。以10分为满分，看他如何作自我评估。通常而言，如果自己有某方面的弱点，而又不希望被发现，他会给自己打7分；而充满信心的人，则会给自己打8分或9分。但事实上，自己有某方面弱点的应聘者都会给自己打8分或9分。

6. 提"无意义"问题

与年龄、性别、婚姻、种族或宗教有关的问题，可被视为对应聘者的歧视。所提问题应与这项工作所需的能力有关，如"你是否可以加班工作和出差？"

7. 忽视对应聘者过去经历的查证

对招聘者而言，这会是一个致命的失误。向推荐人查证，可获悉应聘者过去的表现，并发现他潜在的弱点。如果获得的材料对候选人是负面的，便应对提供者作出解释，表示他所提供的信息有助于评定候选人，使他发挥最大潜力。

而在这样的情况下，秉着对候选人的负责，提供者本人坦诚的态度是最重要的。其中一个提问技巧是："如果你要向这位应聘者提出忠告，以帮助他在事业上更进一步，你想告诉他什么呢？"

8. 评价依据个性

不少人力资源管理者都持有这样一种观点：传统的个性因素对于管理上的成功或其他职业的成就是十分重要的。但是许多的统计研究发现，个性因素与特定职业绩效间的相关程度很低。个性测验对于我们认识或培训员工可能是有用的，但对于雇用员工来说却可能并不适合。技能测验或职业知识测验已愈来愈多的被证明对于工作绩效有较高的预测力。所以尽管了解应聘营销岗位的人员是否自信或精力充沛是必要的，但更重要的是要了解他们是否能保持或扩大消费者的数量，即他们是否具有这些职业技能。

快速主动的招聘模式

公司应该不断进行自我改造，更新招聘策略。

美国军方先发制人的招聘策略值得商业界学习。筹资人和体育星探则提供了另外两种招聘模式。

多数公司是这样招聘的：当职位出现空缺之后，部门经理与人力资源部取得联系，希望有人能立刻填补空缺。招聘人员通过媒体发布招聘广告，应聘者的简历被详细审查，召集合格者面试。如果一切顺利，新人可以在一段时间后上班。

公司经理们应该学一学美国军方快速主动的招聘模式。

在美国几乎每一个城镇都有军队征募官员，想参军报国的人可以随时登门，招募人员总是在位恭候。如果一个潜在的应征者打电话来，绝对会有一个真人应答，而不是一个语音信箱。

公司在招聘方面能从美国军方可以学到很多东西，美国军方采取的是积极主动的、持续进行的招聘策略。例如，海军就总是在"寻找一些优秀的人员"。长期以来，美国军方非常重视建立应征人员档案，并在新一轮征兵中充分利用这些信息。

美国军方是创造招聘广告语的领先者，例如那个脍炙人口的"尽你所能"。许多这样的口号今天在许多成功的公司里成为时尚。不过，美国军方可是用了几十年了。美国军方应用高科技招聘技术也是一马当先，它使用的光盘和充满动感与个性化的网站是许多公司望尘莫及的。

公司能从其中汲取哪些经验呢？首先是要认识到公司在哪些方面出了错误，而美国军方又在哪些方面采取了正确的做法。

美国军方邀请经过精心挑选的少数候选人参加面试，并最终确定最佳的人选。对于第二、三、四名候选人，他们采取了一种较为特别的做法：他们会与这些候选人在以后的一段时间内保持联络。尽管每一个招聘人员的风格总会有差异，但是大多数招聘人员会这样做：确定哪些工作或利益是申请者最感兴趣的，在三个月的联系之后，大多数招聘人员会给面试者寄一份有针对性的后续记录或是适合的手册或是最新信息。只有当对候选人明确拒绝后，这种联系才会结束。包括陆、海、空军和陆战队等在内的美军各军种，其招聘流程都是长期连续和积极主动的。他们在不能达到招聘目标而受到批评时，也绝不放弃这种特点。他们的策略是重新评估是在哪里出现了问题，然后进行彻底的自我改造以适应招聘市场的新变化。他们的效率非常高，常常能争取到那些本来打算进军商业领域的人士。

美国军方并不是先发制人招聘模式的唯一范例。筹资人和体育星探同样提供了公司能够采用或适应的招聘精英职员的指导方针。

以筹资人为例，他们必须十分擅长说服人们掏钱资助某一特定的事业。可以这样认为，资助者就是他们的招聘对象。很多情况下，他们招募的资助人会被别人连珠炮似的加以游说，力劝他们资助另一家而不是这家公司。确保获得资助人的资助往往要花费数月甚至数年之久，但是一个明智的筹资人对其锁定的目标有足够的耐心。

那么，筹资者的座右铭是什么？是发现并说服潜在资助人。筹资者认为，他们的工作就是获悉谁拥有时间、兴趣和资金，有助于成就他们的事业。经常地，发掘一个潜在的资助人耗时甚长。筹资人——这些聪明的人际网络工作者知道，只要保持耐心和持之以恒，艰苦的耕耘终将获得丰厚的回报。因此，他们不断使用各种方法招募资助人，如举办筹资活动和精心设计的公关活动。

招聘者必须像筹资者寻找潜在资助人那样，发掘潜在的员工。公司需要发掘哪些人？答案是：那些最近在报纸和行业杂志上频频露脸的人物；被丰厚条件吸引而离开公司的旧员工；公司上轮招聘中的第二、第三候选人；那些拒绝了公司提供的工作机会的候选人；公司内部员工推荐的人选；先前已经参加了招聘会或者曾经申请过工作职位的人。

另一种情况是很多员工不会满足于最高薪水，而宁愿选择那些为其量身订制的工资、福利、工作灵活性和补贴等组成的薪酬包。薪酬包解决了他们最关心的问题，这就是"我从中得到什么"。

把员工当明星般对待，可以做到非常节省成本。例如：招聘伊始，就要让应聘者感觉自己像是国王或王后。要确保前台接待员、人力资源部门和招聘经理办公室里负责接待应聘者的员工的态度诚恳、舒适和友好。

可以考虑向应聘者赠送糖果、鲜花、气球、音乐会或戏剧表演的门票。你可能从未听说过有人这样做，然而这样做的理由非常充分，它能够向候选人表示他们与众不同，你的公司也变得与众不同。有哪个公司曾经如此周到地对待他们？又有哪个公司曾经采取过行动，对自己中意的应聘者表示过的确喜欢他们？

在招聘方面，美国军方、筹资者、体育星探与商业性公司面临的问题大同小异。为紧随时代的步伐，而不仅是为填补空缺而疲于奔命，公司应该不断进行自我改造，更新他们的招聘策略。

第二章

会带人就要会沟通：有效沟通的方法

效率来源于信任

速度就是一切。速度是对个人和团体的组织能力和业绩的衡量基准。因此，公司往往要求一个人兼干几项任务，要求团队只管动手做，而忽视了计划或设计项目。导致的结果，是所干的事情会由于计划不周而把人弄得焦头烂额。人们通常只注重眼前结果，而忽视了长期的影响。

其实，一味追求速度，人们反而得不到期望的速度。也就是所说的欲速则不达。速度是通过信任关系达到的，必须让大家相信所采取的行动符合大家的共同利益。

信任是关系的基石。可以至少从以下三个方面来理解信任。

首先，信任是我们选择生活方式的原则和基础，是我们评价自身和他人行为的标准。它表达了我们对自己和他人最注重的品质所在。

其次，信任是自尊的衡量标准，即自我感觉。没有了信任，我们可能会自暴自弃。如果信任不深，我们可能会对他人过于猜疑。当我们具有高度的自尊时，就会朝气蓬勃，更容易信任他人。有了信任，我们就不会滋长骄傲，而只有谦虚；不会自负，而只会勇于承认自己的错误。

最后，信任是由内而外产生的。我们首先做到自己值得别人信任。这意味着要认清价值观，学习新技能来支撑这些价值观，然后行动。这称之为信任能力。培养信任能力或许是个人、团体和企业组织面临的最大挑战。

信任，通常在工作契约上获得体现。工作契约往往是管理者与员工达成的一种隐性协议，确定双方对风险、技能、劳动和报酬权衡的理解。它还解释了双方的相互对待方式。

在以关系为基础的企业中，契约规定了工作关系的性质、质量及真诚程度。它是我们相互对待和公司管理经营体制的一种具有约束力的义务。

这种新的契约将让每个人获得自尊和尊重，承认员工来自不同背景，具有不同程度的自尊和不同的技能。员工能全面融入公司，与公司共同走向成功。这能增强员工的主人翁精神，并使其个人远景目标与公司的战略方向高度一致。

这种新的契约不仅是关于薪酬福利，而且与关系和贡献紧密联系。因此，业绩可以通过客户和同事来评估，也通过自我评价来评估。

这种新契约的关键在于重新界定管理层和员工之间建立信任工作关系的能力。我们所讲的这种新的信任程度，是要将过去以"我"为中心的公司文化，转变成一种以"我们"为中心的文化。

为了能实现这个目标，应当对契约进行有效管理，以发挥其效能。每个人都有责任确保协议顺利达成。当团队有一个自理结构来确保团队成员各尽其责时，效能就取决于团队所设立的目标。

虽然契约的基本原则是既定的，但随着员工发展和成熟，学会了如何以不同的方式工作，契约的应用方法在时刻变化。从这个意义上来说，契约可以由契约订立者灵活解释。

工作关系和客户关系正由害怕竞争逐渐转为以信任为基础的合作。由于文化是建立在互相尊重的基础上，因此关系重在诚实可靠的沟通和对话，而绝不是阳奉阴违、虚情假意。

这样，企业创造业绩的效率将大大提高。内部冲突减少了，信任程度提高了，员工就会更注重客户需求，提高工作效率和质量。内部沟通增强了，目标一致了，员工工作起来就更灵活机动。如果大家没有部门保护主义，业务流程就会简化。

我们的目标是要创建一种以关系为基础的公司，以信任和相互尊重为原则的工作场所。

不信任员工是企业最大的成本

如果能使工作场所摆脱不信任，工作的局面会立刻有所改观。

在软件大国爱尔兰，各软件公司都变控制管理为信任管理，公司对员工更多地提供价值观的满足而不仅仅是物质上的满足。

要搞好现代企业，就要把信任作为企业最好的投资。信任是未来管理文化的核心，它代表了先进企业未来发展方向。著名的日本松下集团，其商业秘密从来不对员工保密，他们在新员工上班的第一天，就对员工进行毫无保留的技术培训。有人担心，这样可能会泄露商业秘密。松下幸之助却说，如果为了保守商业秘密而对员工进行技术封锁，员工会因为没掌握技术而生产更多的不合格品，加大企业的生产成本，这样的负面影响比泄露商业秘密带来的损失更为严重。而对于以脑力劳动为主要方式的企业（如软件业），其生产根本无法像物质生产那样被控制起来，信任也是唯一的选择。

相反，如果对员工不信任，就会成为管理中最大的成本。人们会为不信任付出很高代价。不信任的直接后果是听不到团体中的创造性意见，甚至可能降低公司的生产能力。一旦消除不信任，工作就会明显改观。

在把不信任转变为信任的过程中，经理人的作用十分关键。请问，谁更有可能说"请认真点好吗？"到底是老板还是下属？在大多数公司里面，老板更有可能说这种话。

下属们通常只是用躲避或抵制作为对不信任的回应。另外一些人则把这种不信任一级一级往下传。由于害怕上司的惩罚，有人就不信任自己的下属人员。许多会议都因不信任而不欢而散。人们相聚时的精力差不多都用于维护自己的尊严，和以不信任回报不信任。而对业绩的改进没有任何帮助，谁也不愿意这种情况发生，但总是有人自觉或不自觉地将企业推向"不信任"的陷阱。

克服不信任、否定态度和僵局的办法是：承认和尊重员工提出来的每一个想法。不加挑剔地倾听意见，把每个想法都写在图表上。鼓励与会的每个人都提意见——不只是地位较高的人。促使大家敢想敢干，不因某种条件限制而停滞不前。不要因为某种条件的限制而放弃任何可能性，等到开拓出充满希望的方向之后，再考虑这种限制。

关键在于始终抱赞成态度，它能使员工将精力放在问题的解决之上，并使之意识到自己的行为会对公司的业绩产生直接影响。只有做到这些，目前花在不信任和回报不信任上的巨大精力，才可能被各方面用来发明新产品、解决新问题和采用新方法，并用以作出周全的决定。如果能使工作场所摆脱不信任，工作的局面会立刻有所改观。

请对我直说

想办法让员工把看法说出来。

员工们常常会有一些上级不会有的见解，对于工作怎样完成，要同谁打交道，自己拿到手要处理的工作会产生什么问题，员工们心里非常清楚。如果忽视他们的见解甚至对这些见解不屑一顾，你就失去了能使组织运作得更好的宝贵信息。忽视员工的想法，这样的做法一旦固化，下属们就不会再提任何建议。

要想成为有效的领导者就必须和大家沟通，明确表示你愿意随时听取他们的意见。

首先要让人们敞开心扉，告诉你他们对你作为领导是怎么看的。对每一种观点都要加以考虑，并予以认真评述。但不要和他们争论或者试图纠正他们的看法，你应该感谢他们，并从他们的角度来理解这些意见，作为正确的意见接受下来。你要下决心聆听和考虑他们的意见，创造一种多听他人意见的气氛，这样才能对自己的行为做出明智决定。通过征求并接受反面意见，可以了解下属对你有什么期望，而不必去揣摩他们有什么想法。

好的征求反馈的方法有助于做好这件事。避免使用疏远别人或令人感到是在受责备的言辞。比如可以这样说："我一直在考虑自己的领导作风。我知道大家觉得我……"后面再补上具体内容。

这句话向听者表明：你知道自己做的某些事不受人欢迎，也表示你对此是负责的。另外，由于你愿意与对方谈论一些个人的事情，听者还会因此而感到自己受到重视。这是使别人站到你这一边的关键一步。他们会帮你实现你所希望的变化。不要讲："我听说，你说我……"这听起来有指责的味道。不要牵涉到对方，只谈自己。

其次，要让对方告诉你，你做的哪件事让别人对你有那种看法。可以这样问："据你观察，我的什么做法让别人对我有这种看法？"

这样问就表明：

你知道自己做的某些事情使大家产生了看法；你不知道是哪些事；而对方知道；对方可以跟你说。

这时应该明确表示你并不希望自己像别人所说的那样，并且说明你打算改变这种情况。可以这么说："你知道，我不希望别人这样看我，我希望能改变你的看法。"你没承认也没有否认别人的看法，也没有责备谁错了。你只是说不希望别人用目前的这种看法看待自己，而且希望有所改变。仅仅是这种做法，就可以使别人对你有新认识。

最后，征求下属的建议。问他们希望你怎么做。不要问只用"是"或"不是"就能回答的问题。如果问那样的问题，为了避免可能出现的不快，别人很可能随口附和你，但他们对你的看法却不会有所变化。

如果你让别人有机会告诉你，他们如何看待你和你的所作所为，反过来他们也会给你提供一些信息，帮你更有效地领导他们，更好地与他们共事。最终，他们对你的看法也会改变。要表明自己的诚意，就要用毫无威胁感的方式不断征求反面意见，要明确、不断地向员工们说明。因为，员工通常不愿表示出与上司相左的意见。你欢迎不同的看法，而且会认真对待这些意见还需要你用行动来证明你的诚意。

有时，你是有独到见解的人，因为你更清楚怎样做才能使某项工作符合公司的整体目标；或者，因为你知道改革正在酝酿中，还没有公布，因为你与工作流程中相关的其他部门的人员更为熟悉。但即使在这样的条件下，不征求反对意见，虽然不见得是糟糕的管理方式，但也不会是一种好的管理方式。

如果相信上级能够倾听并考虑自己的想法，员工们会更加服从指挥，更加拥护你的决策。如果不鼓励员工进行思考，他们就不愿意开动脑筋，他们会一字一句地按上级旨意办事，直到更高层管理人员发现这样做事行不通为止。

员工会议是公司内部员工互相交流的一个场所。事实上，员工很少能有机会在其他场合进行交流。成功的员工会议可以增强交流和认同，解决员工在人际关系上所出现的问题。

必须重视员工会议在公司内部沟通中的作用。成功的员工会议包括三个主要的部分：由下属在会议上汇报其最近的工作状况；鼓励员工提出建设性意见，制订合理的行动计划；讨论你所在部门在过去一段时间内，有没有好的做法增进公司的整体业绩。

　　一般来说，员工在人际关系上出现问题，有两种原因：要么是缺乏交流，要么是缺乏认同。

要重视员工会议

　　员工会议是公司内部员工互相交流的一个场所。事实上，员工很少能有机会在其他场合进行交流。成功的员工会议可以增强交流和认同，解决员工在人际关系上所出现的问题。

　　必须重视员工会议在公司内部沟通中的作用。成功的员工会议包括三个主要的部分：由下属在会议上汇报其最近的工作状况；鼓励员工提出建设性意见，制订合理的行动计划；讨论你所在部门在过去一段时间内，有没有好的做法增进公司的整体业绩。

　　一般来说，员工在人际关系上出现问题，有两种原因：要么是缺乏交流，要么是缺乏认同。

　　如果处理得当的话，这两类问题均可以通过员工会议加以解决。会上，你可以同下属即时进行交流，可以当着众人的面认可他们的成绩。这样做并不仅仅意味着让你充当啦啦队队长的角色，更大的动机在于，员工们必须承担起责任来进行自我推动。而作为经理所肩负的职责，就是创造一个可促使下属自我推动的环境，计划周密的每周员工例会将是一个很好的沟通场所，有助于增强员工认同彼此出色的工作。

成功的员工例会所应该有的一个重要议题，就是每个下属都要让到会的每个人知道他最近的工作情况。尤其要问到的是："过去的一周里完成了什么工作，以及所遇到的挑战是什么？"举个例子：一个负责人事招聘的员工可能会提到，这一周通过他们的努力填补了公司的多少个职位空缺，又有哪些职位空缺，是因为某位经理的决定拖延或中介公司提供的人选不适合，而没有得到预期填补。

让每个人谈论自己的境况能让所有的职员了解其他人在做什么。很多时候，职员们并不清楚别人在干什么，这样很容易想当然地认为自己在做所有的工作。而一旦他们听到其他人也在做工作时，才会更正确评价同事的贡献。另一方面，员工可能并不了解自己的工作对其他人的影响。这样，员工之间容易产生抱怨，由于缺乏交流，而无法及时解决。

常规例会让每个人有可能最大限度地了解周围的最新动态。但是，关键在于首先要允许和鼓励下属们分享信息。这种会议不是"从上向下"传达指示，而是"从下向上"反馈情况，收集信息，并让大家彼此了解和尊重各自在工作中所作出的贡献。

员工例会的第二个部分，是要在做决定的过程中引入建设性的意见。尤其要问道："针对现有状况，我们要怎样做来彻底改造所在部门的工作流程？"通常的结果是最好的想法往往来自那些看上去是冷眼旁观的人。

很多另谋高就的职员在原公司的人力资源部门提及离职的原因时，理由很多是因为没人在意及理会他们的想法，对此，他们备感失望。如此一来，每天的工作只是机械地重复着早晨上班，晚上下班，使他们的积极性和创造力受到极大的抑制。其实，我们只需简单地征求他们的建议，就能满足他们最基本的心理需求，并产生截然不同的积极效果。何乐而不为呢？

在会议上，员工提出的问题，可能已超出了你力所能及的范围。但你的目的是帮助员工们去关注在现有资源下能做些什么。首先，你应该将建议的所有权赋予提出建议的人，从而真正地鼓励员工着眼于现有的做事方法。接着，你要制定一个很小的、容易执行且适合一周工作量的行动计划，并征求志愿者担当该项计划的先头兵。如此授权不仅给予了员工提出更好建议的充分自由，也树立了你自身的权威，使得修正后的方法上打上了你个人的烙印。

员工例会的第三个部分，是你的部门在过去一段时间里，比如一周或一个月中，有没有更好的做法增进公司的整体业绩。这有利于增强员工的团体意识以及使员工能意识到自己对整个公司的意义。招募员工是为了给公司增加收入、减少费用及节省时间，凡是涉及这三方面中的任何一个今后有可能影响到公司发展的问题，都应该在员工例会上进行讨论、研究甚至一再提及。"我们可以采取什么不同的做法？"这一想法与开始的问题是自然相对应的，因为它反映出特定的时期整个部门的工作将如何进展。它也同样令大家有机会进行案例分析，从而使类似的情形在以后得到更有效的解决。

每周的例会究竟要达到什么目的？这也是检验员工例会是否有成效的标准之一。最首要的，当你鼓励员工之间彼此交流、认同及信任时，就意味将强化整个公司的企业文化。因为当一个人脑子里缺乏周围的信息，脑子形成一种真空时，这部分空间会充斥着胡思乱想，而通过员工例会能增强了解及认同，使无中生有的猜测减少，这样会使每个人活得更轻松些。其次，当你的下属们与你及他们相互之间有更多的面对面的机会时，同事间的友谊将会最终得到发展。

这样非经常性地检验员工的表现，无论对个人还是整个团队来说都是受益匪浅的。这些问题会激发大家讨论一些更深入的，关于本部门所扮演的角色与整个公司其他部门之间关系的话题。

总之，也许你还会有其他的方法来促进员工之间的交流。但无疑，员工会议是一个最有效、成本最低的方法。事实上，成功的员工会议能解决公司员工内部交流的60%的问题。

不向员工隐瞒坏消息

在危机管理中，最关键在于让员工知道真相。

如果员工在第一时间了解到企业重大事件的真相，他们在危急时刻就会挺身而出，帮助企业渡过难关。

很多公司高层对其员工重视不够。他们理所当然地认为，员工已了解企业实况，应该对企业忠心耿耿，为公司赴汤蹈火。但遗憾的是，多数情况并非如此。

员工是最复杂、最敏感的群体。员工们坚信，通过自己的辛勤工作和对企业的耿耿忠心，他们有权了解企业的最新信息。长期工作培养出员工强烈的主人翁意识，因此，他们相信自己应成为公司决策的重要组成部分。

特别是当企业发生危机时，很多公司管理层出于逃避责任的目的，遮遮掩掩，不愿意让员工知道事实的真相。但事实上，管理层越是这样，情况会变得越坏。

暴雨滂沱，洪水泛滥。汹涌的湖水迅速逼近一家坐落于湖边拥有50名员工的广告公司。疏散工作势在必行。

工作可能因为暴雨而被推迟，但客户的工期逼得正紧，丝毫不能耽误。在这危急关头，公司十分需要员工的支持和配合。作为管理者应该向员工解释公司现在面临的困难，以求得员工的支持。于是，管理层决定让部分在一楼工作的员工搬至二或三楼继续工作，其他员工需要到45分钟行程之外的临时场所办公。

为保证按时完成任务，执行董事发了一纸态度强硬的通知，命令每个人坚守岗位。通知写道："鉴于工期紧张，大家必须坚守岗位，无一例外。"

大出意料的是，当天就有5人称病早退。第二天，50名员工只来了15位，剩下的要么打电话请病假，要么干脆不露面，使那位执行董事大为恼火。

人算不如天算，你总有需要员工帮助的危急时候，而那正是员工报复的时机。为了避免这一天的真正降临，从现在开始就要做好员工感情工作。如果案例中的那位公司执行董事了解危机管理三原则的话，结局会大不相同的。

原则一：主动求助。危机来临时，要积极向员工求助，而不是想当然认为他们会主动出手。设身处地地想想，如果在帮助别人之后，对方不是感激你，而是觉得理所当然，久而久之你也会产生反感，拒绝帮忙。主动向员工求助，坦率说明他们的帮助对你有多重要，并及时地对他们的贡献表达谢意。

原则二：不要过河拆桥。"雨过天晴"，一切恢复正常之后，别忘了举办个感谢会，向在困境中支持过公司的员工表达谢意。毕竟很多时候，员工可能在公司最需要他们的时候离去。

原则三：选择沟通的最佳方式。如果那位执行董事换一种方式，使用员工例会或小范围的会议，那么员工可能会更配合些。他还可以郑重地向员工说明，在当前困难时期他们的努力和支持对于公司有多么重要。

在危机管理中，最关键在于让员工知道真相。这样，你才能取得员工的信任，共渡难关。举个例子，由于产品质量问题，公司面临巨额诉讼。作为管理者，你应该向员工隐瞒事情的真相，还是向他们公开这一切？你也许会认为为了稳定人心，最好还是先不要告诉员工为妙。事实上，你大错特错。这是学鸵鸟把头埋在沙子里以为安全了的愚蠢做法。如果员工从其他途径了解真相，他们的第一反应是什么——我们被欺骗了。相反如果管理层能诚实地向员工说明公司面临的困境和员工进行充分交流，取得他们的支持，那局面就不一样了。

第三章

会带人就要懂激励：

让员工充满斗志的方法

尊重是激励的根基

　　企业要想发展，就需要有能够让企业发展的有战斗力的团队，团队的组成离不开企业的每个员工。但是，企业拥有了员工，并不一定就能提升企业的生产力，只有当员工被适当地激励，其潜能才能被充分的激发出来……当人对生理、安全和归属需要得到满足之后，尊重的需要就会产生并支配着人的生活。

　　谈到激励，利用物质和金钱作为奖励是企业常用的激励手段之一，但不是长期有效的，原因是企业不可能无限制地加大物质奖励成本；再者是人的需求欲望是无止境的，随着时间和环境的变迁，当旧的需求被满足或不完全被满足的时候，新的需求就又出现了。正如美国著名心理学家马斯洛关于"人的需求层次论"所论述的那样，当人对生理、安全和归属需要得到满足之后，尊重的需要就会产生并支配着人的生活。显然，如果企业能基本提供相当甚至高于社会平均报酬水平的同时，也能不断满足员工对尊重的需要，这种精神上的激励甚至比物质上的激励来得更持久、有效。

在企业管理中，要满足员工对尊重的需要，就要使员工所从事的工作能反映其个人价值，让"天生我材必有用"这个观念在他们身上得到充分体现，从而得到同事和上司的赞赏，甚至社会的认同，那就是令其享受这种精神上的满足而达到激励的目的。这就是尊重激励。

在企业管理的实际工作中，管理者如何运用"满足员工对尊重的需要"的激励手段，去提升员工的主观能动性呢？此时，企业管理者要做的首要工作就是让企业有"尊重"的氛围，也就是要建立一种尊重每一个员工的存在价值的企业文化。并将这种文化糅合到管理实践的行为中去。

企业发展，人才是不可或缺的资源。东汉时期，刘邦被困巴蜀之时，筑台拜将，极大地满足了韩信的自尊心，终于在韩信的辅助下，杀出蜀中，取得天下。企业招贤纳士好比刘邦拜将，尊重才是取得圣至贤归的良方，在企业的招聘行为中，一个好的招聘环境，认真而专业的考核程序，平等而友善的交流，没有歧视，没有质问，给慕名而来的求职者充分的礼遇和尊重，这一切会影响着人才对企业的认识，左右着他们的选择。当然，企业招聘的人数是有限的，并不可能把所有的应聘者都招进来，但企业礼贤下士的美名却会随求职者流传业界，这不失为企业树立形象的重要举措。所以说，尊重激励就是要从招聘开始。

如果老板了解员工的才能，人尽其才地进行任命，那才是对员工能力和价值的承认，也是对员工莫大的尊重。而员工的涌泉以报，不就是老板所期待的吗？三国时期，诸葛孔明能为刘备和阿斗鞠躬尽瘁，死而后已，正是报刘备屈尊枉驾，三顾茅庐的知遇之恩。这正说明了尊重激励的重要作用。老板对员工价值体现需求尊重，同时员工也尊重企业使命，为公司贡献自己的价值。这是一个双赢的关系。

老板或企业主管对企业拥有很高的权力和地位，他们在企业管理中将会获得很多企业的实际利益。因此，在日常的企业管理思维中，应该把员工视为合作伙伴而不是下属，给他们足够的空间自由发挥，直面挑战，让员工实现自我价值。尤其是对于有潜力、有干劲的员工，要相信他们不光是被雇用来从早上九点干到下午五点的，而是要干出成效。明白这个道理的老板，就能吸引、留住人才，并且激励他们成为最佳员工。为了达到这样的目的，企业应该扫清员工在前进道路上的障碍。相反，如果管理者缺乏应有的包容和道德修养，则难以获得员工的尊重，甚至会遭遇人心背向。曾经在IT业界闹得沸沸扬扬的"邮件门"事件，正是由于某外企的中国裔总经理因一些琐碎事情在电子邮件上严厉斥责了他的秘书，导致秘书的自尊心受到了极大的伤害，作出了过激的反应，致使企业的形象大受损害，而总经理本人也因此而丢掉了工作。可见，尊重员工是激励员工的根基，而不尊重员工则走向了另一个极端。

总之，激励员工的方法虽然有很多，但是激励的根基却在于对员工的尊重。企业的管理者要想做好自己的激励体制，打好激励的根基是成功激励的第一步。

用情感打动员工的心

每个人的需求和愿望是不断变化的，它们绝不是静态的，一个人昨天最需要的东西可能不是今天需要的东西。这就是为什么创业者有必要随时关心下属的需求和愿望的原因。

吴起治军，以爱惜士卒、与士卒共患难而闻名。魏文侯命令吴起统率大军攻伐秦国。西征之中，吴起与普通士兵一样，背着粮袋，徒步行走，而将战马让给体弱的士卒骑。吃饭的时候，吴起也不吃"小灶"，而是与士兵们坐在一起，围着大锅，喝大碗汤、吃大碗饭，有说有笑，俨然一名小卒。睡觉的时候，吴起还是与士兵们滚在一起，以天为被，以地为席。士卒们深受感动，打起仗来，都愿意为吴起出生入死。

有一名士兵的背上生了个大疽（一种皮肤肿胀坚硬而皮色不变的毒疮），由于军队正在行军，一时找不到好药进行治疗，吴起就亲自为士兵把疽中的浓汁用嘴吸出来，为士兵治好了疽。这名士兵的母亲闻讯后，竟放声大哭。其邻居大感不解，说："吴将军为你儿子吸毒治疽，你不感谢吴将军，却哭泣不止，这是为什么？"这位母亲回答道："不是我不感谢吴将军，我是想起了我的丈夫，我丈夫以前也在吴将军手下当兵，也曾长了背疽，是吴将军为他吸出毒汁治好病的。丈夫感激吴起，打起仗来不要命，终于战死在沙场，我儿子一定也会对吴将军感恩不尽，恐怕儿子的性命也不会长久了。"说完，又哭了起来。

吴起爱惜士卒，士卒甘愿为吴起拼死作战。魏、秦两军交战后，魏军连战连胜、所向无敌，秦军一退再退，接连被吴起攻占了五座城池，魏军大获全胜。魏文侯闻报，非常高兴，任命吴起为西河郡（今陕西华阴附近）守将，把保卫魏国西部边疆的重任交给了吴起。

作为创业者，在管理自己的事业执行规章制度的过程中，应采取"刚中有柔，柔中有刚，刚柔相济"的策略。我们在管理中经常会遇到这样一些情况，对于职工的违纪行为，如果依据企业法规不折不扣地严肃处理，容易出现人才流失或者其他一些不利现象，如果不按规定处理又会使企业制度无法执行。对于这种两难问题，就可以采用"严中有情、宽中有紧、刚柔相济"的处理方式。

严中有情，刚中有柔，这在企业管理中对于加强内部管理、提高职工积极性可以起到非常好的效果。

石家庄市第二棉纺厂是市级先进企业，该企业的规章制度非常严格。有一次，厂里一位平时表现非常好、工作成绩突出的女工在一个月内旷工五天，并且连续迟到早退，受到厂里的处罚，被扣一个季度奖金。她的情况引起了厂领导的注意，这位优秀女工怎么近期如此反常呢？经过调查，他们发现了原因：这位女工与其老母亲相依为命，生活窘迫。一个月前，她的母亲得了急病而又无钱去医院治疗，只好待在家中，她在工作时不得不随时牵挂其母的病情，所以经常没到下班时就回家照顾母亲，有时母亲病重，她来不及请假，只好留在家中照顾，所以导致旷工。厂领导得知具体情况后，一方面批评她未及时办理请假手续，另一方面在全厂职工代表大会上郑重决定，取消对她的处罚，补发停发的奖金，并从企业困难职工基金中拿出一部分钱，由厂领导和职工代表亲自前往女工家中看望。厂领导拉住女工的手，诚恳地说："厂里不知道你的情况，让你受苦了！"在场所有的人都感动得流下泪水。职工们激动地说："有这样的好领导，我们就是累死也值。"

慷慨地赞美你的员工

有一对老师和学生边走边聊，途经一家水果摊，老板正在一旁吃午饭。老师停下脚步，指着水果说："你的水果真的是又大又好看啊！"老板见自己的水果是又小又难看，他却说好，于是，就用那种鄙视的眼光瞪了瞪他们。"今天的水果卖得真的很不错吧？"老师继续问道。"才卖了3斤。"水果老板应了一声。"不错啊，下午一定能卖完的。"卖水果的老板显然露出了一丝丝的微笑。对于老板的神情转变，学生有些不解，老师笑着说："也许某些人会因我这一句话而更起劲地工作，这对所有的人何尝不是一件好事呢？"

心理学家认为：使一个人发挥最大能力的方法是赞赏

和鼓励。在生活中，大多数人希望自身的价值得到社会的承认，希望别人欣赏和称赞自己。所以，能否获得称赞，以及获得称赞的程度，便成了衡量一个人社会价值的标尺。与此同时，随着世界经济一体化的推进和知识经济时代的来临，员工素质与活力逐步成为企业发展的根本动力，员工激励则成为企业文化的核心所在。

　　作为管理者，一定要不断地给予员工精神支持，那样会让他们把自身的潜力发挥到最大限度。

　　听过这样一个故事：有两个人分别赶着两辆满载着货物的牛车，要到市场去销售。第一车的人对牛说：我的乖牛，你是最好的牛，你赶快帮我拉车，我会给你很多的青草，让你干完活很好地休息。当牛拉不动了时，他又鼓励地说：好牛儿，你是最有力气的，我相信你是世上最棒的牛。第二车的人则对牛说：你这笨牛，怎么这么点货物就走不动了，这么懒，看我以后怎么收拾你。你看人家的牛，跑得那么快，你真是没出息的家伙，你再不走我就把你卖掉！不听话我就把你杀掉煮肉吃。结果第一车的人把货物在市场顺利的卖完回家，在途中看到第二车的人还在用鞭子猛力抽打着牛身，但牛仍在慢慢地走着。

　　用赞美的语言代替讥笑，用鼓励的口吻代替责备，连牛都可以增加动力，更何况我们人类呢？

每一个人都有闪光的地方，都喜欢听到他人对自己的肯定和发自内心的赞美，这会让他由此充满自信，同时有一种极强的价值感。由衷的赞美，哪怕是一句平平常常的话，一个充满敬意的眼神，一下轻轻地拍肩，都会产生意想不到的效果。

在现实生活中，每个人内心最深的企图之一就是期望得到他人的赞美和尊重。人们都希望自己的成绩与优点能够得到别人的认同与尊重，即使这种渴望在别人看来好像带有点虚荣的成分。

一句极其普通但发自内心的真挚诚恳的赞美之语，往往能使人得到莫大的鼓舞与激励。赞美使人的努力得到他人的肯定与赞同，获得心理上的满足，因此也就有了继续努力的动力。幽默大师马克·吐温曾这样对赞美的作用大加赞赏："我可以为一个愉悦的赞美而多活两个月。"

在公司里，无论是管理人员，还是一般员工，都希望自己的工作能被肯定。谁也不愿意自己辛辛苦苦地干了半天，却得不到领导的一点肯定。假如一个员工老是得不到肯定的话，那么他今后肯定会失去对工作的兴趣，失去对工作的主动性。领导如果了解员工这一心态的话，可以随时给员工必要的鼓励，达到激励士气、鼓舞人心的效果。

同样，当下属呈上的是最好的工作作品时，而你却视而不见，这样很容易让下属感慨，觉得何必这么辛苦工作、何必要求自己做这么多、做这么完美。所以，工作品质就会因此而渐渐下降。慢慢地，他们的工作表现必定也会变差。毫无疑问，任何人都是需要激励、需要被别人承认的。因此，当一个人费心干完一件事后，你至少对他说句："嘿，干得不错。"

作为企业的管理者，要多称赞自己的员工。试想，如果一位管理者习惯于骂人和警告人，而另一位管理者则习惯于称赞人，那么，哪一位管理者的下属更有信心、更容易发挥潜能呢？显然，每天得到的是警告及责骂的下属，他必定对自己的能力产生怀疑，从而养成一种做事瞻前顾后，畏首畏尾的毛病，有了这些毛病，势必又要受到领导的责骂，如此恶性循环下去，人才也会变成蠢材的。

同专业的肖明和李杰毕业后分到甲、乙两公司，两人的专业水平及各方面的才能不相上下，而肖明的领导王经理脾气不太好，职员稍有差错，轻则批评："你怎么这么笨，连这种事都做不好。"重则以开除相威胁，常说："下次再犯这样的错误，我就开除了你。"而对员工的优点却视而不见。有一次，客户送来一块样布，要求染出同一颜色的包装线来。肖明拿到样布，很快看出这种颜色需要五种色拼出来，于是他立即开出配方，打出小样。小样的颜色与来样看上去完全一样。于是车间内开始按这个配方进行生产。但肖明忘记了告诉车间主任染色时压力一定控制在2个大气压上。结果工人为了省时，压力升到1.5个大气压就关机了，致使染出的线略微有些色浅。不过，客户对此倒没有过分地挑剔，因为他们对肖明打小样的技术熟练程度非常满意。但张经理为此却大动肝火，他当着许多的人的面大声呵斥肖明："你为什么就不能多在小事上注意一些呢？幸亏客户没有退货，否则我将要开除你。"肖明自己也懊恼不已。从此以后，他经常为自己常犯这样那样的小毛病而自责，甚至有些自暴自弃。

而李杰，尽管他也常犯些错误，但其老板却从未严厉地批评过他，而是经常称赞他能干，肯吃苦。李杰为报老板的知遇之恩，更加卖力地搞产品推销，他一天就可以跑上五六家单位。最后，仓库内积压了一年的产品也被他推销出去了。

一个人身上尽管毛病很多，但他在某方面总有令人满意的地方，在这方面多给予表扬，会促使他扬其所长，把工作干得越来越出色。

戴尔·卡内基曾说过："当我们想改变别人时，为什么不用激励与赞美来代替责备呢？纵然员工只有一点点进步，我们也应该赞美他。因为那才能激励别人不断地改进自己。"欣赏你的员工，就千万不要吝啬你的夸奖，真诚地去赞美他们，它能给平凡的生活带来温暖和欢乐，可以给创伤的心田带来雨露甘霖，赋予人们一种积极向上的冲天干劲！

让员工都具有主人翁精神

主人翁精神对于一个企业的竞争力来讲，是非常重要的。因为如果每一个人都有主人翁精神，都把公司内部的事当做自己的事来做的话，公司无形当中会形成很大的竞争力。因为大家会把所有可能的成本降低，还可以把一个人的潜能大幅度地提高。主人翁精神不仅仅是个人"素养"的问题，还是一切企业组织持续发展的动力。所以，管理者应该激发员工的主人翁精神，使他们敢于当家做主。

许多人一提起主人翁精神就想起企业的最高决策人，仿佛只有他们才真正掌握着企业的命运。

这种思维定式严重地限制了员工成为企业主人的意愿，并将员工也排斥在企业之外，从而导致了员工与企业的对立。其实员工想通过自己的辛勤劳作和聪明才智分享企业的经营成果，真正主宰自己在企业中的命运。而这种美好愿望往往会由于"经理"一词的限定而被宣告破灭，真正成为企业主人翁的权利也被无情剥夺。所以，许多员工在工作中不会自发、自觉地去创造性地劳动。

这种思维的无形的界定在世界著名的美国联合航空的员工身上完全被冲破了，取而代之的是一种"人人都是企业主人"的现象。

在联合航空，员工们从来就没有什么"人家什么都不告诉我"的感觉，因为联合航空的每一位员工都是经营战略信息流程中的一员，每个人都是主人翁。在他们的手中，你会发现许多的规划、设计与战略蓝图等构成的花花绿绿的小册子，它们不同于那些没用的流于形式的本本，而是记载了决定企业未来发展方向与运作的具体部署。在企业里，甚至是刚来的秘书都知道精密电位计是什么，这并不是因为他们的工作要求懂得这些技术，而是因为他们觉得作为一名"经理"应当成为该企业合格的一员，既然企业是"自己的"，工作是"自己的"，那么他们就理所当然地会全身心地为企业的经营实效而努力，并自觉为企业的成功承担义务。

主人翁精神是员工在工作中一种切实的体会，这种切实的体会使他们迸发出巨大的工作干劲和奉献热情。

我们每个人都生活在由符号构成的世界中，这些符号是人类创造和延续下来的，并对人们的思想意识产生着很大的影响。那些头衔，诸如经理、总裁，等等，也是人们用来管理世界的符号，它们在被创造的同时，也被人们定义了。但随着时代的发展、组织的演进，这种定义已经极大地限制了人们能动性的发挥，抑制了一种美好的精神萌芽，那么为什么我们不给它赋予新的含义呢？

作为企业的管理者，你应该明白，企业不只是属于某个人，它是由企业的所有成员共同组成的。既然我们每个人，从经理到最底层的员工在组织中所充当的角色都是为社会提供产品或服务，并从中获取收益，那么企业中的每个人就都是运用生产资料创造物质财富的主人。此时的头衔就不是人们理解的权力的界定，而是职业与职责的描述及员工自尊心体现的地方。

现在，在许多日本的企业内，已经废除了许多经理的头衔。例如IBM同ABC软件企业合办的一家公司，从1992年6月起，废除了营业系统、管理各部门的部长、副部长、经理这些管理职务头衔，形成了全企业约250人的对等组织，其目的是废除金字塔形组织的上下序列，培养职工以自己的责任为中心来完成自己工作的"职业"意识。

在现代社会里，精明的经理会主动用愿景和事业培养广大员工的主人翁精神。因为他们知道，主人翁精神并不是只说把自己当成企业的主人这么简单，而是要以一种与企业血肉相连、心灵相通、命运相系的感觉做好每一件事情，面对每一个客户，在每一个成功或者失败的经验里面，渗透出企业以及个人共同的精神气质。那么，如何在企业内部培育这种精神呢？

这就需要经理从下面4点入手来采取行动。

1. 总的政策由经理来制定，详细的程序由员工来决定，要给能人一定的权限和自由，特别是在目标的制定阶段；

2. 鼓励员工换位思考，培养一种人人都是"经理"的感觉，鼓励大家发表意见；

3. 通过各种看似琐碎的小事让员工切实感觉到自己是"自豪的主人"；

4. 培养企业的"家庭观念"，把企业变成"温暖的大家庭"，员工则自然而然地成为家庭的成员、企业的主人翁。

企业员工的主人翁精神是企业长远发展的动力。当管理者通过愿景和事业激发起手下那些员工的主人翁精神时，他们才会以身作则（在处理日常工作的事务中才敢于当家做

主），进而激发广大员工的主人翁精神，大家众志成城，共
同推动企业的长远发展。

如何培养榜样员工

毛主席曾说过：榜样的力量是无穷尽的。企业管理者要
学会利用榜样的激励作用，在企业里评选出几个楷模，为大
家树立榜样，这样才能增强员工的上进心，使他们更加努力
地为公司工作。

由于榜样深深地影响着人们的一言一行，所以，企业在
开发人力资源时，特别是在试图以某种文化去唤醒人们的自
觉性时，行为榜样激励是非常奏效的。

在一个企业中，总会有几个具有较高素质、业务技术能
力和优秀业绩的典范人物。他们是集中体现企业主流文化、
被企业推崇、被广大员工一致仿效的特殊员工。这些人是企
业先进文化的体现者，在正常的生产经营活动中起着模范带
头作用，是企业文化建设不可多得的主力军。

用典型的力量激励员工。企业的管理者要善于发现典
型，培养典型，宣传典型，使用典型，正确对待典型，对不

同类型和层次的群体用不同的典型引导。

企业的榜样员工不是一朝一夕就能造就的，企业的优秀员工是在日常的工作中逐渐成长起来的。企业的优秀人才，是与员工自身的优秀素质和企业创造的优秀环境共同造就的结果。

那么，如何培养企业的榜样员工呢？企业的管理者需要从以下3个方面着手：

1. 作为企业的管理者要善于发现和发掘企业的榜样员工

企业的榜样员工在进入企业之初，没有什么惊人的业绩，但是他们的个人价值观却是在不断变化进步的，是与企业所要求的价值观保持一致的。身为企业的管理者，需要了解员工的内心想法，了解员工的价值观，以发掘具有员工榜样的模型。

2. 身为企业的管理者要注意培养榜样员工

对于有些具有楷模特征的"原型"，要尽量为他们提供必要的发展条件，开阔他们的视野，增长他们的知识，扩展他们的活动领域，增强他们对企业环境的适应能力，给予他们更大的发展空间。

3. 企业管理者要努力打造榜样员工

对员工进行必要的锻炼，对那些基本定型的榜样员工要进行培训，对他们进行宣传，提高这些榜样员工的知名度和感染力，只有使这些榜样员工被企业的其他员工认同，才能够发挥其应有的激励作用。需要注意的是，对这些员工的宣传不能言过其实，否则会失去激励作用甚至会起到反作用。

企业在培养员工时千万不能急于求成，要培养他们的综合素质。而且宣传榜样员工以后还要对其进行培训和锻炼，提高这些榜样员工的自身素质，只有这样，才能达到长期激励员工的目的。

竞争激励，让强者更强

有两只小刺猬，尽管躲在洞里，也尽量地蜷缩着身子，因为天气实在太冷了，即使这样仍然被冻得瑟瑟发抖。就在它们感觉快要被冻僵的时候，其中的一只刺猬突然灵机一动，向另外一只建议道："我们靠紧一点，或许身上的热量会散发得慢一点。"另外一只也觉得有道理。于是，它们开始了尝试。但没想到的是，由于它们靠得太紧，它们身上的刺刺到对方了。

虽然第一次尝试失败了，但由于它们在被对方刺痛的同时，也确实感到了对方的温暖，所以它们没有气馁，又重新开始了第二次尝试。这一次，为了不伤害对方，它们开始小心翼翼地一点一点地靠近，最后，它们成功了。

两只刺猬在寒冷的季节互相接近取暖的这则寓言清楚地显示了人际关系的微妙之处。就某种意义而言，大家在同一个公司里，可以说是同舟共济、甘苦与共，人人都能成为朋友，可以倾诉烦恼，互相帮助，更可借着良性竞争发挥彼此激励的效果。

我们正处在一个充满竞争的时代，管理者必须重新界定自己和企业的地位。无论你所在的企业是营利的还是非营利的，都必须面对高利润企业的高效率竞争，若不及时反省管理原则，随时都有可能惨遭淘汰。

管理者应该向员工说明企业竞争的重要性。强有力的竞争，可以促使员工发挥高效能的作用。因此，在对下属的管理中，引入竞争机制，让每个人都有竞争的意念，并能投入到竞争之中，组织的活力就永远不会衰竭。

心理科学实验表明，竞争可以增加一个人50%或更多的创造力。每个人都有上进心、自尊心，耻于落后。竞争是刺激他们上进的最有效的方法，自然也是激励员工的最佳手段。没有竞争就没有压力。没有压力，组织也好、个人也好，都不能发挥出全部的潜能。

美国企业管理专家认为，没有竞争的后果，一是自己决定唯一的标准；二是没有理由追求更高的目标；三是没有失败和被他人淘汰的顾虑。

当前，我们许多企业办事效率不高、效益低下，员工不求进取、懒散松懈，从根本上说，是缺乏竞争的结果。鉴于此，要千方百计将竞争机制引入企业管理中。只有竞争，企业才能生存下去，员工才能士气高昂。

竞争的形式多种多样。例如，进行各种竞赛，如销售竞赛、服务竞赛、技术竞赛等；公开招投标；进行各种职位竞选；用几组人员研究相同的课题，看谁的解决方式最好等等。还有一些"隐形"的竞争，如定期公布员工工作成绩，定期评选先进分子等。管理者可以根据本企业的具体情况，不断推出新的竞争方法。

竞争中要注意的问题是，竞争的规则要科学、合理，执行规则要公正，要防止不正当竞争，培养团队精神。有些竞争不但不能激励员工，反而挫伤了员工士气。如果优秀者受到揶揄，就是规则出了问题，不足以使人信服。

竞争中任何一点不公正都会使竞争的光环消失，如同裁判偏袒一方的一场足球赛。如企业竞选某一职位，员工知道领导早已内定，还会对竞选感兴趣吗？如进行销售比赛，对完不成任务的员工也给奖，能不挫伤先进员工的积极性吗？失去了公正，竞争就失去了意义，只有公正才能达到竞争的目的。

凡是竞争激烈的地方，经常发生不正当竞争，如：不再对同事的工作给予支持，背后互相攻击、互相拆台；封锁消息、技术、资料；在任何事情上都成为水火不相容的"我们和你们"；采取损害公司整体利益的方法竞争，等等，这些竞争势必破坏团队精神。企业的成功依赖于全体员工的团结、目标一致，而不正当的竞争足以毫不含糊地毁掉一个组织。

为了避免不正当竞争的弊端，首先要进行团队精神塑造，让大家明白竞争的目标是团队的发展，"内耗"不是竞争的目标；其次是创造一个附有奖励的共同目标，只有团结合作才能达到；再次是对竞争的内容、形式进行改革，剔除能产生彼此对抗、直接影响对方利益的竞争项目；再其次是创造或找出一个共同的威胁或"敌人"，如另一家同行业的公司，以此淡化、转移员工间的对抗情绪；最后是直接摊牌，立即召见相关人员把问题讲明白，批评彼此暗算、不合作的行为，指出从现在开始，只有合作才能受到奖励，或者批评不正当竞争者，表扬正当竞争者。

　　企业管理者应该把竞争机制引入企业管理中，通过员工之间的良性竞争，把员工的积极性调动起来。

通过晋升激励员工

　　晋升激励就是企业领导将员工从低一级的职位提升到新的更高的职务，同时赋予与新职务一致的责、权、利的过程。以业绩为导向的晋升方法，是以挑战性目标的确立、并为之付出努力而最终实现的过程。

　　人通常具有永不满足、追求向上的欲望。没有谁愿意永远生活在别人的光辉之下，没有谁愿意躬身谦卑、经年累月地重复着昨天，没有谁愿意一个职位做到老。可以说，只要不是平庸之辈，他都会渴望有升职加薪的机会。

　　渴望晋升，能够最大限度地释放出生存价值，这就是每一位职业人的梦想。所谓"人往高处走"，无非希望出人头地、名利双收，能够在职场上稳步发展或步步高升。在企业晋升管理上，提拔得当，自然可以产生积极的导向作用，培养优秀员工积极向上的精神，能够激励更多员工努力和增强士气。

晋升，是对员工的卓越表现最具体、最有价值的肯定和奖励方式。晋升得当，可以产生积极的导向作用，培养向优秀员工看齐的积极向上的企业文化精神，但提升还应讲求原则和评鉴方法，不能凭上级个人的喜好圈点或是滥用人事权力。那么，晋升员工的依据是什么呢？一般情况下，企业对员工的职位进行提升的标准是过去的工作业绩。这是最重要的晋升依据，其余条件都可以说是次要的。一个人在前一工作岗位上的表现情况，可以作为预测将来表现的指标。切忌将人的个性、是否受领导赏识作为晋升的依据。

晋升不是利用员工的个性，而是要发挥他的才能。这也是最为公正和实用的办法，不但能堵众人之口，服众人之心，而且能堵住"小门或后门"，让众多"关系"失效，也可以避免员工有意无意间的钩心斗角。

这个道理虽然简单明了，可是许多企业的管理者往往做不到，问题是多方面的，主要是因为用人习惯上是跟着感觉走，以致失去了判断力。很多时候，晋升一个员工往往是因为上级喜欢他的性格和作风。比如，以下3种情况：

1. 领导是快刀斩乱麻的人，他就愿意晋升那些做事干脆利落的员工；

2. 领导是个十分稳当、凡事慢三拍的人，他就乐意晋升性格审慎小心的员工；

3. 领导是个心直口快的人，他就不喜欢提升那些说话婉转、讲策略的人。

另外还有一点，主管普遍喜欢晋升性格温顺、老实听话的员工，对性格倔强、独立意识较强的员工大多不感兴趣。这样的结果，很可能造成用人失当。现实情形是，被晋升者很听话，投主管脾气，工作却不会有多大喜色，而且会让有真才实学的员工报效无门。

主管在晋升员工时，千万要记住：员工的个性不管你喜欢也好，不喜欢也好，个性乖戾孤僻也好，温顺柔和也好，都不必过多地考虑。要把注意力集中在他们以往的工作业绩上，也就是谁的工作业绩好，谁就是晋升的候选人，这是最好的说服力基础。固然，在实际操作和权衡方面，还应考察他的品格和相关项目及要素，但着重于业绩为导向晋升的考量，具有更大激励性和引导力。

着重员工现在的工作表现、预测员工的未来，正是以业绩为导向晋升，但应注意过程管理具有的公正明确、系统的考评标准，以公正的考核为依据和以员工的需求为基础，它包括将员工的知识、技能、经历、态度等在工作岗位上加以价值量化，通过绩效考评，从而体现及形成内外持续激励。

危机激励，置之死地而后生

老鹰的寿命和人类差不多，可以活到六七十岁，但是老鹰的生命历程并不是一帆风顺的。三十多岁的时候是老鹰生命的最旺盛时期，但是它的优势同时又变成影响它生存的危机因素：它的翅膀很长，展开有近三米；羽毛很丰满，沉重的羽毛使它不能扶摇直上，翱翔云天；喙又硬又重，影响它捕食；鹰爪又弯又尖，影响它撕裂食物。这个时候的老鹰，如果再这样继续下去，最终会因为羽毛的过于沉重而不能飞翔，因为鹰爪又弯又尖而无法捕捉食物，因为喙又硬又重而无法进食。为了生存，老鹰不得不忍受炼狱般的磨砺：它必须飞到山的最高峰，在最高处给自己垒一个简陋的窝以躲避天敌的袭击，然后在山顶的岩石上，自己将又硬又重的喙摔碎，忍饥挨饿，等待新的喙长出，再用新的喙将自己的又弯又尖的鹰爪拔掉；再等待新的鹰爪长出，用新长的有力的鹰爪将羽毛一根一根拔掉，等待新的、轻盈的羽毛长出……这样经过炼狱般的150天以后，老鹰会长出新的喙、新的爪、新的羽毛，显得更加年轻、敏捷、有力、凶猛，获得重生。

作为企业来讲，风险因素可以转化为企业发展的动力，风险越大，所获得的收益可能就越高，不能因为惧怕挫折、困难、失败和危机而痛失企业发展的良机。

1985年，在世界范围内连续发生了三起波音飞机空难事件，使波音公司备受打击，有的人借机对波音飞机的结构提出了质疑。当时，波音公司正与欧洲"空中客车"争夺日本"全日空"的一笔大生意。由于双方飞机在先进性和可靠性方面差别不大，以致"全日空"在挑选订货对象时犹豫不决。在这关键时刻，波音飞机接连现丑，看来，这次商战波音公司输定了。

面对如此不利的局面，波音公司为了解除买方的戒心，除继续实行"货真价实"的推销战术外，还采用了"全方位"的进攻策略，提出财务方面的便利、零配件的供应、飞机的保养以及机组人员培训等方面的优惠条件，从而引起了买方的兴趣。在此之前，波音公司为了站稳日本市场，曾选择了三菱、川崎、富士三家日本著名重工业公司，合作制作767型机身部分。空难事件发生后，波音把"诱饵"加大，一边向日本的合作厂商提供了价值5亿美元的制造订单，一边主动提出愿意和日本人合作，建造一种150座的767型客机，与"空中客车"的A-320型客机相抗衡。波音公司的这些措施获得了日本企业界的好感。经过这番努力，波音公司终于战胜了西欧对手，在空难事件的5个月后，与日本"全日空"正式签订了合同，成交金额超过10亿美元。

企业在面临严重困难局面和其他不利局面时，可以采取置之死地而后生的危机激励法。

危机激励法就是当企业所面临的环境或对手的力量危及自身的生存时，可以用"不死即生"的方法来激励员工。通常的做法是：

1. 必须将目前的危机状况告诉全体员工，目的在于使员工有大难临头的危机感。

2. 必须有不战即亡的观念，断绝员工的侥幸心理。

3. 激发员工的情绪，使大家无所畏惧，同时也便于大家能齐心协力，发挥出平时没有的潜力。

4. 寻找危机突破口，将力量集中于此，让大家憋足了劲儿，一举爆发出来，定能突破难关。

尽管危机激励法很特殊，不可常用，但对于让员工有危机意识，不满足于企业在本地、本行业中的现有地位都是十分必要的。

第四章

会带人就要懂绩效：科学评价员工的方法

运用"同一立场"的思维方式

"同一立场"的思维方式能使你用积极的心态看待员工所做出的业绩。

业绩评估包括确定目标、鉴定取得的成果和制定业绩评估标准。这些标准应该对每位员工的职责评价都是适用的。应该注重以下三个方面：

1. 评估员工的工作表现，而不是进行人身攻击，也就是对事不对人。

2. 评估要有效、具体，而不是泛泛而谈或夹杂着主观情绪。

3. 与员工就他怎样改进工作和你应该做些什么达成一致意见。

在进行业绩评估时，你应该向员工表明，评估是针对员工具体的行为或业绩，而不是针对个人。这是建立"同一立场"思维方式的关键。只有这样，你才有可能和你的员工共同探讨怎样解决工作中的问题。

举个例子：

上司：你总是迟到。你们部门的一些人认为你很懒。

员工：我不懒。如果你这样认为，那么你根本不了解我。

由于主管的话语中流露出"这个员工懒惰"，因此马上就产生了个人品性、感情和争辩等一系列问题。这样的反馈会刺伤员工的感情，以致员工忽略了绩效的问题。更有甚者，管理者也许会忍不住责骂员工"粗鲁迟钝"，这非常接近人身攻击。其实，在上面的例子中说员工总是迟到是很不具体的。所以，如果要把迟到作为员工实际的工作表现，就必须将其进行量化。比方说：到今天为止，15天中你总共迟到了5次。

如果上司能以"同一立场"的思维去对待员工，那么情况可以变好。

上司：你要注意，上班要准时。一些客户在上午8：00打电话找你，你却不在办公室。

员工：你说得对。只有依靠他们，我才能有现在的业绩，也许这就是原因所在吧。

上司：有什么需要我帮忙的吗？

具体化，最好是用数据或书面材料说明，事实才不会被感情所代替。事实最具说服力，感情却会促使员工为自己的过失进行辩解，指责他人并继续其不良表现。

在业绩评估时要与员工进行有效的沟通，建立"同一立场"的思维方式很重要。如果运用得当，你就可以取得以下优势。

你不得不对员工的工作作出评估。你还会认识到，员工的工作业绩不理想可能是管理不当的结果。你会特别注重自己该做些什么和说些什么。一旦意识到自己的职责所在，你就会采取措施加强你和员工之间的联系，使其在平等的基础上发挥最大的效用。

你能对员工的工作表现提出自己的意见，从而让他们意识到要成为公司优秀的一员应具备什么条件。

对于员工良好的工作表现，你应及时加以肯定并予以鼓励。你还可以提出你对员工的更高期望值，激励员工付出更多的努力。

你掌握了另一种帮助员工解决问题的工具，这是你最重要的工具之———取得成效的工具！

因此，通过对员工进行业绩评估，你和你的公司就能获得有用的反馈意见，帮助你们优化人力资源。通过评估，你可以和员工共同制定新的目标，并重新组织员工来取得最大的成效。你部门的发展必须体现出全体部门员工的利益、能力和追求。只有用"同一立场"的思维来看待周密安排的业绩评估，你和员工才能共同制定一致的目标。

"同一立场"的思维方式能使你用积极的心态去看待员工们在过去做出的业绩。同时，作为员工的良师益友，从解决问题的角度，指出员工存在的不足并帮助他们改进自己的工作。

与员工面对面地进行行业绩评估

了解员工的想法，进而达到相互理解，这样做事至关重要的。

坐下来与员工面对面地进行行业绩评估，与员工进行充分的沟通和交流，是业绩评估成败的关键。如果你认为，评估是管理者的职责，而与员工没有关系，那你就大错特错了。评估应该是在管理者与员工在双方都认可的某个业绩评判标准下进行的一种互动性的活动。从这个意义上来说，与员工面对面地评价他们的业绩及今后的行动，是每个管理者都应该采取的一种无可争议的方式。

　　和员工面谈之前，你应该有充分的准备，如果你对所谈的问题和你自己的情绪没有绝对的把握的话，你千万别急着开场。与员工见面之前先把下面这些问题考虑好：你认为可以接受的最起码的行动是什么？有没有其他的解决办法？你希望对方何时得到改进？

　　面谈时应尽量避免分心和被别人打扰。把办公桌上和脑子里一切与评估无关的东西通通清理掉，挂断电话，关上房门。让员工感觉到，你十分重视这次面谈。确信自己已阅读了所有必要的资料并备好待用。

　　谈话开始时你可以先随便聊聊，营造一个宽松的气氛有利于进一步的沟通和交流。你们要面对面地交谈，最好不要隔着办公桌谈话。这样你就可以通过形体语言告诉对方：你们属于同一个集体，正在努力解决共同的问题。

　　谈话前可以把需要讨论的内容用标题的形式简单地列出来，以便让员工做到心里有数。首先向员工说明一下谈话的原因和你所做的安排。一定要让员工明白每个员工都将和你进行这种谈话，因为这是你和他们工作的一部分。

　　如果你在做上述说明时员工有什么问题，你应该马上给予答复，让员工明白你愿意回答他所提出的问题并且理解他提出这个问题时的心情。对员工关心的问题应给予明确的答复，然后听听员工对此的意见。如果你觉得员工对你的答复表示满意，你就可以开始下一步了。

了解员工的想法，进而达到相互理解，这样做是至关重要的。这样做等于向对方表明，你很愿意听听他的心里话。你可以因此而激发员工的工作热情。由于员工有这样一个机会说出自己的问题和担忧，在接下来的讨论中，你们之间就不会产生误会。你可以把员工的这种表白当成一种预警系统，通过它，你可以做到有先见之明。因此，一开始你就应该先请员工发表意见，这样你就与员工建立了一种能够交换意见的友好关系，这对接下来的谈话是有利的。记住，你是在请员工谈论他喜爱的话题——他自己。

在对员工进行评估之前，你应该认识到与员工讨论他的工作表现最容易使他产生抵触情绪。因此，你应该先弄清楚员工都有哪些难对付的行为，以便找到有效的对策。

难以对付的行为之一就是对立情绪。这对管理者而言，这是时常会碰到的事情，有些员工常常会情绪激动，甚至气急败坏。对此，你要能沉住气。最重要的是要理解人，你需要用事实来说话，但要注意方式。比如你可以先让员工发泄不满情绪，然后再向他说明道理，引导他改正。

询问员工你能为他提供什么帮助。你也许不愿意问员工这个问题，因为：

1. 这问题有危险。

2. 你觉得结果会很糟。

3. 你认为应该是员工，而不是你来提出这个问题。

但是你应该问这个问题，因为：

1. 员工听了高兴。

2. 员工会告诉你这个领导当得如何。

3. 你会得知大伙儿在谈论些什么。

4. 你将得出正确的看法。

5. 也许可以使员工提升工作业绩。

6. 将有利于你和员工统一行动。

在对员工进行业绩评估时，你应该完成这样一个任务，那就是当员工需要作出决定时，你应该根据自己的经验给他们提出一些建议，让他们能够有所选择。员工也许没有你那么清楚，所以你应该提供帮助。

接下来是评估工作的实质性阶段：通过对业绩进行评定，综合各方面的因素，得出有益的评估结果，并顺利地传达给员工。

记住，只有员工完全明白了你对他们的要求，他们才能遵照执行。另外，你一定要让他们意识到不按要求做的后果。只有做到这一点，你对员工的工作说明书进行仔细分析，与他们讨论他们的工作职责、工作要求和工作成绩才能有效果。

问问你自己，这次业绩评估你给员工提出的目标是否应该在数量上加以限制。一次谈话员工能够接受多少批评意见呢？在半年或者一年内就要求员工在诸多方面取得进步也许期望太高。然而，你应该清楚员工到底能够取得哪些成绩，并请员工作出相应的承诺。

计划一下，看你打算如何帮助员工认识提高工作业绩的必要性。服从并不等于接受，而只有接受，只有员工自己表示要改进自己的工作，你才能得到最满意的结果。

多大的改进才算够了呢？

1. 让员工自己制订具体的改进计划。

2. 把改进和改正区分开来。改正是改变总目标，改进则是朝着正确的方向迈进。

如果员工的工作仍然没有起色，或者该员工缺乏改进自己工作的能力或愿望，那你可以和他最后谈一次给他最后一次机会，如果还是不行只好让他走人。

好了，现在再来看看那些工作出色却不能获得提拔的员工。这些员工分为两种：一种是明明知道却接受得不到提拔的现实；另一种是对此一无所知或者不肯接受。每个公司都有应该提拔却不予提拔的员工。

工作出色有时不一定能得到提拔。对于那些无法得到提拔的员工，必须把他们的工作目标讲清楚。落实以下几点：

1. 有什么方法可以让这些员工继续出色地工作？这些员工需要你不断地进行鼓劲。

2. 用什么来激励这些员工？要回答这个问题，得看他们最近有什么要求没有得到满足。

3. 有什么具体的东西可以激励这些员工？经常委以重任，适当下放你的权力。

4. 你怎样丰富他们的工作内容，让他们承担更具挑战性的任务？与授权不同，这种工作内容的变动是永久性的，别人在工作中会碰到，你自己在工作中也可能碰到。

5. 能不能鼓励他们多参与管理，让他们参与更多的决策？

6. 他们有没有能力辅导其他员工？要认识到，传播知识对公司的成功是一种重要的贡献。相对来说，与工作出色而且又将得到提拔的员工谈话就容易得多，但不应该承诺他们一定能提升。现在你的任务是注重他的新工作，而不是他的现实表现。反复向他说明尽管他将承担新的工作，但他现在仍然要像原来一样努力工作，新的工作只会让人干得更出色。

听听员工以后有什么实际打算并与他共同制定未来的规划。员工可能的发展举措包括：

1. 现行工作的发展。

2. 个人培训。

3. 对新岗位或新职位的打算和安排。

4. 业余时间的打算。

5. 专题讨论会、学术会议、工作会议。

6. 自我发展和自学计划。

7. 大学进修和攻读学位。

无论员工表现好坏，能否得到提拔，与他谈话时你都可以参考以下行为准则：

1. 以你的工作日志和评估表为准。

2. 从优点说起。

3. 尽量使你的分析与员工的自我鉴定统一。

4. 谈话时随时准备停下来倾听员工的意见。

5. 了解员工对你的分析有何意见。

6. 员工对你的评估提出意见之后，你予以说明。

7. 做不到的事不要答应对方。

执行工作改进计划。评估进行到这个阶段，你可以确认以下几点：

1. 在规定的时间内员工应该完成的具体任务。

2. 在同一时间范围内你应该完成哪些具体工作，以帮助员工改进工作，克服困难和障碍。

接下来，你应该将你们商量好的计划制成文件，以便双方遵照执行。计划应该包括：

1. 员工得到改进所必须完成的具体工作。

2. 你帮助和支持员工所要完成的具体工作。

3. 为了使员工工作顺利，更令人满意，更有发展前途所要做的具体工作。

所列出的以上具体任务应该成为你们工作的重点。另外，该计划应该包括长期目标和短期目标。你们还应该制订一个行动计划，并把其划分为可行的具体步骤。

您可以按以下办法制订行动计划：

1. 询问员工愿意承担什么工作。

2. 你想让员工承担何种工作，请员工提出补充建议。

3. 与员工商定他首先要做的工作。

4. 询问员工你能如何帮助他。

5. 你觉得能为员工做些什么，请员工提出补充建议。

6. 与员工商定你所要做的具体工作和完成的时间。

7. 记录在案。

立即动手改进你的评估体系

专家建议绩效评估过程和文件要尽可能的简单。

当莫特知道得到晋升的时候，心里非常激动。他认为新职责范围会扩大，会有一次加薪机会。升到新职位后不久，当人力资源部进行绩效评估时，他的期望又进一步升高，认为离大幅度涨薪的日子不远了。

但是时间过去了6个月，评估还没有结束，加薪也无着落。而且，莫特从来没有接受过一次试用期绩效评估。这个绩效评估本来也应该会给他带来小幅加薪的。

就这样，在一年之内，莫特看到三次涨薪的机会从他的指缝中溜走，因为要么没有绩效评估，要么就是绩效评估没有结束。他将他的感受归纳为一句话："我被骗了。"

努力要留住人才的雇主当然不愿意看到员工对企业丧失信心，然而，不完善的或糟糕的绩效评估体系往往会导致这样的结果。

当评估不公正、不及时、不精确时，企业就没有办法对优秀员工进行奖励，对处于边缘的员工提供鼓励和指导，对工作低于标准的员工给予及时和适当的反馈。

那么，如何对那些不是那么令人满意的绩效评估体系进行改进呢？要做的事实在是太多了。一些措施是值得引起注意的。

要决定绩效评估体系中包含什么内容是件令人头疼的事，专家建议绩效评估过程和文件要尽可能的简单。

必须避免使用长达16页的评估表格或多达95项的评估指标，这会让人忘了评估本来的目的。

简化的评估表格有好多优点，包括评估中的一致性。这一点已由美国爱达荷州州长办公室中的实践所证明。该州行政官员安·哈尔曼认为，过去使用的绩效管理体系包含了太多的指标，导致评估缺乏一致性。例如，对于同一个员工的考核，某一个经理会想："既然你一直在做你的工作，说明符合该岗位的绩效要求。"

哈尔曼说："但另一位经理会想：'你在这儿已经有些年头了，闭着眼睛也可以做，肯定超过企业的绩效要求了。'"

哈尔曼对绩效管理体系作了改进，推出了该州新的绩效管理体系，在这个新系统中，评估层次从5个降为2个：你要么达到绩效标准，要么没有达到。

很多人担心这样做不能将员工区分，但问题的关键在于标准的设定，如果经理人能找到好员工的标准，并将其放入评估表，那么一切都顺理成章。

当然制定评估标准时必须保持灵活性。用一把尺子衡量所有人是不行的。有些能力如"团队精神"适用于每个人，可以在这些方面对每个人都评分。但是，诸如"战略敏捷性"等只适用于副总裁以上的管理层或只适用于特定的群体。

麦斯公司（Mezzialnc）是一家网络基础软件公司。该公司商务经理米歇尔在诠释其绩效管理体系时说："各关键指标的总体定义能适合每个员工，但为了确保灵活性，对于每项工作，指标的要求不同。"

例如，一项衡量客户服务的标准可以被应用于面对内部客户的职位（如人力资源或信息技术支持部门）或面对外部客户的职位（如销售人员）。"要推动你的员工，但又不能设立太高的标准，以至于每个人都达不到，"米歇尔强调，"但如果每个人的表现都出类拔萃，那么你的标准可能设定得不够具有挑战性。"

标准应该尽可能地清晰和可衡量。想一想那些溜冰裁判，他们给溜冰者彼此之间的评分仅有几分的差距。他们之所以如此精确，是因为他们精确地知道他们要寻找什么。

另外一个问题是员工的参与。在麦斯公司的评估体系中，员工目标必须由员工和经理共同讨论完成。这有两个原因。"首先，员工会关注被期望达到的目标，这是很好的自我反省，"梅赛（Mercer）咨询公司的人力资源咨询总监科琳·奥尼尔说，"其次，这些自我评估可以帮助经理看到每位员工的盲点。"

选择评估时间也是一项非常重要的工作，对评估的有效性产生影响。现在，很多公司都从在单个员工的周年日评估转向所有员工集中在一天进行评估，必须考虑这一措施的优劣，然后再决定哪一种方法最适合他们的组织。例如，集中一天评估使得评估体系和公司预算、计划一致，员工的绩效和贡献可以与公司全年目标对照，更精确地衡量。但是，对于计时制的工人或那些经常变换岗位的人，则可能仍需要在其个人的工作周年日进行评估。

一些人力资源专家偏爱周年日的评估方法，因为他们认为，集中一天的评估方法给经理们的负担太重。奥尼尔说："如果一下子需要看50份报告，精力有可能分散了。"但是，她也相信集中一天做评估可以确保更好的一致性和公正性。她说："当经理们把所有数据摆在面前时，经过比较他们会作出更好的决策。"奥尼尔引用了梅赛客户团队的研究。此项研究显示，集中一天的评估方法并不会大幅增加经理用于评估的时间。

在已经建立起绩效评估体系后，人力资源部门还可以走得更远一些。你可以问自己：人们是否真的在运用这个评估体系？你从员工意见调查中得到的员工抱怨是不是越来越少？你是否看到员工和岗位越来越匹配？通过这些问题，可以判断这个评估系统是否取得了成功。还可以通过调查来衡量新的绩效评估系统是否成功，比如，员工是否明白被期望的目标，讨论是否如期举行。"看一下企业运营结果和评估结果分布之间的关系，"奥尼尔说，"是不是每个人的评估结果都很杰出，业务却在衰退？是不是所有的销售人员评估时都拿到了5分，但销售在下降？"

全视角绩效评价——多几只眼睛看人

工作是多方面的，工作业绩也是多维的，不同个体对同一工作得出的印象是不相同的。正是根据此原理，人们在实际工作过程中开发出了全视角绩效评价系统。该系统通过由与被评价者有密切关系的人，包括被评价者的上级、同事、下属和客户等，分别匿名对被评价者进行评价，被评价者自己也对自己评价。然后，由专业人员根据有关人员对被评价者的评价，和被评价者的自我评价向被评价者提供反馈，以帮助被评价者提高其能力水平和业绩。

据最新调查，在《财富》排出的全球1 000家大公司中，超过90％的公司在职业开发和绩效考核过程中应用了全视角绩效评价系统。全视角绩效评价系统之所以如此盛行，就在于它有以下几项优点：

1. 综合性强，它集中了多个角度的反馈信息。

2. 信息质量相对比较可靠。

3. 通过强调团队和内部、外部顾客，推动了全面质量管理。

4. 从多个人而非单个人那里获取反馈信息，偏见对考核结果的影响可以得到部分消除。

5. 从员工周围的人那里获取反馈信息，可以增强员工的自我发展意识。

全视角绩效评价的主要目的，不是对员工进行行政管理，如提升、工资确定或绩效考核等，而应该是服务于员工的发展。实践经验显示，当用于不同的目的时，同一评价者对同一被评价者的评价会出现差异；反过来，同样的被评价者对于同样的评价结果也会有不同的反应。当全视角绩效评价的主要目的是服务于员工的发展时，评价者所作出的评价会更客观和公正，被评价者也更愿意接受评价的结果。当全视角绩效评价的主要目的是进行行政管理，服务于员工的提升、工资确定等时，由于牵涉到个人的利益，所做的评价公正性会削弱，被评价者也就会怀疑评价的准确性和公正性。因此，当公司把全视角绩效评价用于对员工的行政管理时，一方面可能会使得评价结果不可靠，甚至不如仅仅由被评价者的上级进行评价；另一方面，被评价者很有可能质疑评价结果，造成公司内部关系紧张。

全视角绩效评价一般采用问卷法。问卷的形式分为两种：一种是给评价者提供5分等级，或者7分等级的量表（称为等级量表），让评价者选择相应的分值；另一种是让评价者写出自己的评价意见（称之为开放式问题）。二者也可以综合采用。从问卷的内容来看，可以是与被评价者的工作情景密切相关的行为，也可以是比较共性的行为，或者二者的综合。

目前，市场上常见的评价问卷都采用等级量表的形式，有的同时包括开放式问题。问卷的内容一般都是比较共性的行为。采用这种问卷进行全视角绩效评价有两个优点。首先，成本比较低。美国CCL公司提供的全视角绩效评价问卷，包括1份自评问卷，11份他评问卷，其价格只有大约200

美元。其次，实施起来比较容易。采用现有的全视角绩效评价问卷，公司所需要做的事情就是购买问卷，发放问卷，然后将问卷交给供应商统计处理，或者按照供应商提供的方法进行统计处理就够了。但是，这种方法也有其不足，最主要的一点就是问卷内容都是共性的行为，与公司的战略目标、公司文化、具体职位的工作情景结合并不是很紧密，加大了结果解释和运用的难度，会降低评价的效果。

因此，一些公司开始编制自己的全视角绩效评价问卷。采用这种方法编制的问卷，能确保所评价的内容符合本公司的具体要求，使得评价结果能更好地为公司服务。

在实际工作中，越来越多的公司开始采用折中的方案。即先从外部购买成熟的问卷，然后由评价者、被评价者和人力资源工作者共同组成专家小组，判断问卷中所包括的行为与拟评价职位的关联程度，保留关联程度比较高的行为。最后，再根据对职位的分析，增加一些必要的与工作情景密切相关的行为。采用这种方式，既能降低成本，同时也能保证问卷所包括的行为与拟评价职位具有较高的关联性。

在进行全视角绩效评价时，一般都是由多名评价者匿名进行评价的。采用多名评价者，确实扩大了信息搜集的范围，但是并不能保证所获得的信息就是准确的、公正的。同样，虽然匿名评价可能会使评价结果更加真实，但是更真实的评价并不一定就是更有效的。

在全视角绩效评价的过程中，受到信息层面、认知层面和情感层面因素的影响，可能会导致所获得的评价结果不准确、不公正。从信息层面来说，评价者对被评价者的情况不是特别了解；由于没有掌握相应的信息，或者了解的信息是不全面的，会使评价结果出现误差。

从认知层面来说，评价者可能只是根据他们对被评价者的整体印象，而不是具体的行为表现来对被评价者进行评价。

从情感层面来说，评价者可能会无意识或者有意识地歪曲对被评价者的评价。为了维护自己的自尊，一般的被评价者在评价时，会给自己较高的评价，而给其他人以较低的评价。

在同一公司工作的员工，既是合作者，又是竞争者，考虑到各种利害关系，评价者有时还会故意歪曲对被评价者的评价。比如，可能会给跟自己关系好的被评价者以较高的评价，给跟自己关系不好的被评价者以较低的评价。

由于以上原因，如果不对评价者进行有效的培训，会导致评价结果产生很多误差。为了提高评价结果的准确性和公正性，在进行全视角绩效评价之前，应对评价者进行选择、指导和培训。在培训的时候，最好能让评价者先进行模拟评价，然后根据评价的结果指出评价者所犯的错误，以提高评价者在实际评价时的准确性和公正性。

虽然评价是全视角绩效评价中的重要一环，但是全视角绩效评价最后能不能改善被评价者的业绩，在很大程度上取决于评价结果的反馈。评价结果的反馈应该是一个双向的反馈。一方面，应该就评价的准确性和公正性向评价者提供反馈，指出他们在评价过程中所犯的错误，以帮助他们提高评价技能；另一方面，应该向被评价者提供反馈，以帮助被评价者提高能力水平和业绩水平。当然，最重要的是向被评价者提供反馈。

在评价完成之后，应该及时提供反馈。一般可由被评价者的上级、人力资源工作者或者外部专家，根据评价的结果，面对面地向被评价者提供反馈，帮助被评价者分析在哪些方面做得比较好，哪些方面还有待改进，该如何改进。还可以比较被评价者的自评结果和他评结果，找出评价结果的差异，并帮助被评价者分析其中的原因。

在全视角绩效评价实施过程中，会出现一些问题，比如：员工可能会相互串通起来集体作弊；来自不同方面的意见可能会发生冲突；在综合处理来自各方面的反馈信息时比较棘手。

因此，当英特尔公司在建立全视角绩效评价系统时，他们采取了一些防范措施，以确保考核的质量。

1. 匿名考核

确保员工不知道任何一位考核小组成员是如何进行考核的（但主管人员的考核除外）。

2. 加强考核者的责任意识

主管人员必须检查每一个考核小组成员的考核工作，让他们明白自己运用考核尺度是否恰当，结果是否可靠，以及其他人员又是如何进行考核的。

3. 防止舞弊行为

有些考核人员出于帮助或伤害某一位员工的私人目的，会作出不恰当的过高或过低的评价。团队成员可能会串通起来彼此给对方做出较高的评价。主管人员必须检查那些明显不恰当的评价。

4. 采用统计程序

运用加权平均或其他定量分析方法，综合处理所有评价。

5. 识别和量化偏见

查出与年龄、性别、民族等有关的歧视和偏爱。从英特尔公司的经验来看，虽然全视角绩效评价系统是一种很有实用价值的绩效考核方式，但它与任何一种考核技术一样，其

成功亦依赖于管理人员如何处理收集到的信息，并保证员工
受到公平的对待。

对低绩效的员工心不能太软

重要的是时刻牢记你的目标：消除糟糕的表现和行为。

一位经理花了很大力气，才从某大公司挖来一名关键的
信息系统专家。公司满腔热情地给他安排了工作，却很快发
现他不能胜任。这位经理试图指导和帮助他，但是他的工作
表现始终没有起色。

其他同事来到这位经理面前，建议他采取行动，他却迟
疑不决。此时，他知道自己雇错了人，但是由于负疚而迟迟
没有动作。他告诉这位新员工，他将给他一些时间寻找新的
工作。但是这位新员工的表现却越来越差，直到一位重要客
户拂袖而去，其他员工也士气低落，这位经理才把他解雇。

这位经理得到的教训代价不菲："下次我决不犹豫，立
刻采取措施。"

在解雇员工时瞻前顾后，原因何在？

许多企业主管都像这位焦虑的经理一样不忍心正视没有

达到标准的工作绩效，更不用说毫无绩效的情况了。绩效低劣的员工是指那些屡犯错误，赶走客户，在企业组织中造成不满和士气低落等问题的员工。快速成长的公司对绩效低劣的员工尤其不能容忍，他们会削弱团队的实力，给潜在客户和商业伙伴留下不良印象，加剧对公司综合生产率的负面影响。作为经理，你必须采取措施及时纠正这种状况。

如果你尽了最大的努力对员工进行指导，但他依旧置若罔闻，或者你降低了工作期望值和标准，他还是没能达到要求，这时你就应该重新审视对他的录用决定。很多经理在3周或更短的时间内就意识到自己在录用员工上的错误，但通常在3个月之后才决定纠正这个错误。

经理们犹豫不决的原因多种多样。例如：他们觉得承认错误是一件尴尬的事情；他们对错误的录用感到内疚，对解雇曾满怀期望的人于心不忍；他们对录用员工的时候没有明确表达工作绩效的期望而感到遗憾；他们知道自己没有做好员工的绩效反馈和指导工作；他们不愿意再次经历昂贵耗时的程序找到合适的人员来替换。

对于经理人而言，这可能是一个痛苦的经历，但还是应该采取行动。让自己理性一点。

在计划解雇一名员工之前，你应问自己是否公平地对待过这个员工："我是否让他认识到自己绩效低劣的事实，并给予他改进的机会？"也就是说，你是否采取过以下这些行动。

是否为这个员工确立明确的绩效期望值？这与你对员工绩效的管理水平有关。运用绩效管理技巧留住最佳员工的效果，取决于你和他们建立伙伴关系的程度。这种伙伴关系，是成年人之间建立共同协定的关系。

是否就这名员工的绩效没有达到目标，向他作出具体的反馈？一项研究表明，在60%的公司中，产生绩效问题的首要原因是上司对下属的绩效反馈做得不够或是没有做好。在针对79家公司的100多名员工所做的一项调查中，经理人的反馈和指导技能一致被评为平庸。这些结果表明很多经理人都是拙劣的导师，而他们的员工通常也意识到这一点。

是否详细地系统地记录该员工的绩效数据、事件、绩效反馈及改进评估的谈话结果，以及是否在上述评估谈话中，使该员工认识到存在的问题并对如何解决问题达成一致？在绩效讨论的过程中，让员工评估他们自己的绩效。如果员工承认问题，那么，问题解决会顺利得多。如果员工否认问题，那么该员工对建设性的指导置若罔闻。

是否把给予这位员工一定的试用期或者改进绩效的最后期限，作为解雇前的最后手段？曾经有一位经理告诉他的一名员工，如果他在30天内仍然不能完成自己的工作项目，就必须走人。结果该员工在期限内完成了任务。所以，要确保给予员工足够的改进时间。

是否寻找解雇之外的其他方法？你犯了录用某位员工的错误，并不意味他不能有效完成其他工作。该雇员不适合这项工作，可能是他绩效低劣的原因。因此，可以考虑重新评估该员工的才能、动力和兴趣。也许工作可以重新设计，也许在你的领域内有其他更能发挥该员工才能的工作。

假设你已经不止一次直言不讳地把工作绩效低劣的情况反馈给员工，指导他如何改进，为他确立具体的绩效目标，记录他未能改进绩效的情况，而且考虑过不解雇的解决方法，然而都无济于事，那么，你的最终选择是解雇他。

经理人无论出于何种原因解雇员工，都是一件最令人忧虑和烦恼，却又不得已而为之的事情。令人烦恼的因素多种多样，你不仅夺走了这位员工的生活来源，而且，你这么做会影响组织中的其他成员，包括你最想留住的员工。

重要的是时刻牢记你的目标：消除糟糕的表现和行为。在有效地惩戒员工或者采取纠正措施之前，你必须表明你真诚地关心他的成功。考核程序对事不对人，是基于"目标推动行为，结果维系行为"的原则。

年度工作评估的效果是有限的

现代公司不应该在年度评估上浪费过多的时间。

"好吧，约翰，轮到你做年度工作评估了。我只问你一个问题——你对自己过去一年的工作有何评价？"

"嗯，我感觉还是不错的。我准时完成了更多的项目，是不是？"

"是这样，我希望你知道我对此非常欣赏。另外我也注意到你的报告写得更加精练、更加切题，语法错误也减少了。"

"是啊，我一直在这上面努力，"约翰看上去似乎很开心，"我对自己的进步感到很高兴。"

"不过另一方面，我要求你把交上来的几个报告重新做一遍，因为我认为你缺少充分的调研。"

"真是抱歉，但我已经在做一些工作了。你不觉得我后来做得好多了吗？"

"我真的没有注意，不过下一两次我会特别留心，并让你知道。还有另外一件事——我发现这几个星期你多次离开工作区。我希望你确实把时间花在了工作上。"

"这多半是为了那个改型项目，"约翰回答说，"我不会再在上面花时间了。"

　　"能听你这么说，我很高兴。现在我们来看一看——把得分与扣分加起来，我想这就是你去年工作表现的得分了。这听起来很合理吧？"

　　约翰想了一会儿，然后答道："是啊，这还用说。"

　　你在管理课程上可能学到的有关进行工作评估的要素都已经包括在以上那段对话之中。

　　经理给了约翰充分的发言机会，并且以两个积极的表现开始评估。他客观地提出了约翰的消极表现，而且也给了他辩白的机会。最后经理对约翰的工作表现打分，而他也接受了这一评估结果。

　　那么，结果会是如何呢？约翰可能会继续做更多精练的报告，这些报告也不会有什么语法错误。他会努力把调研工作做好，但却不能肯定经理会向他提供帮助。他还会继续离开工作区，不管是出于什么原因，直到经理再次对此发话。他会对得到的分数感到失望，因为他认为上次评估以后自己已经有了提高。

　　那么，约翰的工作表现会有多少改善呢？答案是：零。

　　你不应该在年度评估上浪费时间。年度工作评估是件不讨人喜欢的事务性工作，但很多企业都有这方面的要求。这种评估改善不了工作表现，而它也确实不是为改善工作表现而设计的。因此，按企业的要求去做好了，做的时候要小心谨慎，而后用其他方法来切实地改善员工的工作表现。

那你该怎么样做呢？

看到好的表现时，应该当场予以肯定。等到评估时间到来后再告诉某人他做了件出色的工作已太迟了。

一有不良表现出现，就当场予以处理。案例中的经理本应该一直在约翰身边帮助他改进报告，提高他的调研能力的。如果他对约翰离开工作区的次数太多引起了重视，那么在引起重视的当时就应该对他提出质疑。他和约翰都应该清楚地知道问题所在，知道他在克服这些问题上有何进展。

将年度评估视为对你与员工们都已经知道了的工作情况的简明回顾，为员工打一个恰当的分数，并以此作为一个新的起点。

这不是正确与否的问题。如果你期望有种最好的年度评估，它能够真正对改善工作表现起到作用的话，那你几乎注定要失望的。

有些经理会向员工们征求对年度评估的意见。还有的经理甚至要求员工们详细地用书面形式汇报自己所做的工作，并给出自己认为应该得到的分数。这些都没有解决最基本的问题，不过确实可以让经理了解一些细节。

　　员工的优秀程度与他们给自己的评分之间往往会有一种负相关。真正优秀的员工对自己的要求很高，他们对所取得的成就与自己的理想之间的差距一清二楚。而平庸的员工刚好相反，他们目标不高，视野不宽，他们只知道自己干得多累才取得了现在的成就。这样，先进的员工可能会把自己的评分打得比平庸的员工还要低。并非说自我评估不可取，而是说应该对结果作一平衡，使之能够反映你所见到的业绩。

第五章

会带人就是敢授权：成功授权的方法

为什么要授权

管理者应该有一位一授权就能马上接受任务的员工。

你也许会问：为什么授权如此重要？我为什么要努力提高授权技巧？授权有什么好处？这些问题提得都很有道理。好的授权要耗费时间和精力，但为什么还要去掌握呢？

时间管理咨询专家哈喻洛得·L.泰勒清楚地表示："授权是管理者最重要的组成部分。"管理及领导权威史蒂芬·R.卡维在他的全美畅销书《高效能人士的7个习惯》中指出："有效授权也许是唯一且最有力的行为。"以上都表明了授权的价值，但授权有什么益处，以至于有如此大的威力？为什么授权对于有效率的管理者来说如此至关重要呢？

显而易见，授权的益处之一是能节省时间。作为管理者，有很多事需要你去把握和处理，你总会觉得时间不够用，很多事不能及时去做，但如果你能把一部分工作分配给别人，那么时间上的压力会减轻不少。

　　但如果你只是把工作丢给其他人，却无周全的计划和准备工作，那你的授权尝试就会失败，并且你必须收拾残局。在这种情况下，你反而使自己的时间压力剧增，而不是减轻。因此，在授权一项活动或任务时，最重要的是制订计划和充分准备。

　　一般来说，担任的管理职位越高，你花在具体事务上的时间越少。取而代之，你要花更多的时间去"计划"，成功的授权可以节省你亲自做具体事务的那部分时间，使你更好地为组织贡献你的力量。

　　通常来说，在一个组织中，作出决定和执行任务应当由尽可能低级别的职员去完成。这对组织顺利有效地运作是切实可行和必不可少的。

　　例如，一位文具供应公司的员工如果能够决定订哪种裁纸刀并知道如何下订单，那这个员工不必上司介入就完全可以独立完成工作任务。他的上司就可解放出来，把精力投入到重要的决策和任务中去。

　　如果你的员工完全能处理一项任务，你就不应再在这上面花费时间。不然，既浪费时间，又无法给他人提供发展的机会，而且会削弱整个组织的力量。作为管理者，你的职责是培养你的员工，帮助他们建立信心，而不是让他们受挫。

所以你应该学会授权。

培养员工应该是每个管理者的基本职责。如果培养员工不是一个组织最基本的信念和行为，那么这个组织就无法长久地生存下去。管理者应该有一位一授权就能马上接受任务的员工。如果没有，就要培训出这样的员工。

授权恰恰是培养员工能力最有力、最有效的方法之一。

授权为员工们提供学习及成长的机会。正确使用授权技巧还能激励他们的进取心，使他们获得工作的满足感。当你将一项重任托付给他人时，你就已表示出对他的信心，这有助于他建立自尊。

如果员工们认为你为他们的成长提供机会，他们会被激起斗志，全身心投入到工作中去。他们认为你确实对他们的事业发展感兴趣，而不是只顾你自己。他们会格外努力地去成功地完成你授权的任务。他们希望让你、让他们自己都满意。

你为什么不愿意授权

阻碍管理者成功授权的一个重要原因是对员工缺乏信心。

很多管理者不愿意授权，他们总会找出很多理由来为自已辩护，但很多时间，大多数阻碍存在于管理者自身。

除去障碍首先要采取的步骤是确定问题的所在。说起来很容易，但不能清楚阐述问题的所在通常是无人能找出解决方案的主要原因。

如果花时间去了解问题的确切所在，你就更有可能解决问题，并且更加有效地开始授权。

在分析授权的这些障碍时，一定要正视自己。由于你的目标是使自己成为更有效的授权者，要达到这个目标，你必须清除阻止你有效授权的障碍。但是在采取行动之前，你要识别并了解这些障碍——这需要坦诚。

举个例子：假设你要博迪（最有能力的员工）准备一份重要的组织工作进展报告，这项工作对她而言，是一个很好的发展机会。然而，你最终决定自己来完成这份报告，因为她工作太繁忙，至少这是你认为的原因。但你是否坦诚面对自己呢？

你也知道博迪组织工作的能力很强，而且很会写文章。如果由博迪来写这份报告，你的上司也许会将她的工作与你相比较，可能会觉得她的报告比你以前提交的要好。那么在你的心中博迪就会成为一种威胁。你宁肯自己干——因为她"太忙了"（但这仅仅是借口而已）。但如果你坦诚地面对，你会意识到，这并非真正原因所在，真正的原因是你知道自己觉察到有威胁，所以放过了一次理想的授权机会。

作为一名管理者，你可能曾经考虑过一项任务授权，但接着你对自己说："我能干得更好。"这毫不奇怪，如果一项工作，你干过多次，你当然轻车熟路，也是情理之中，但你的目光不应仅仅停留在某一项任务上，作为管理者，你必须考虑授权和不授权所带来的长期影响。对你而言，重复做同样的工作，对你的发展没有任何帮助。对你的员工而言，由于没有发展的机会，而处于平庸的状态。所以"我能干得更好"这种想法对管理者而言，是一种错误的思想，是对授权本身优越性的背离。

假设作为一名管理者，你在你的部门工作了5年时间。在前3年里，你每年都做本部门的预算申请。由于懂得固定程序，你可能比别人更擅长这项任务。为准备这份预算申请，你要用上你的组织才能，与部门中的其他人进行广泛的讨论。

去年，你考虑让玛莉琳——你手下的一名主管，帮助你准备这次预算申请。你对她过去的表现感到十分满意，希望给她增加一些预算过程方面的经验。玛莉琳也同样有此愿望，并且她擅长你经常使用的电子表格数据处理软件。虽然在准备材料时，她犯了个小错误，但在你的提醒下马上意识到并及时作了纠正。除此之外，她的工作完成得相当成功。

现在，预算准备工作又一次开始了，这时，上级要你负责另一项任务，他要求你把这项任务作为首要的任务来做，并说它将会花掉你"所有醒着的时间"。这时你考虑让玛莉琳去准备预期申请，可是你发现自己不知不觉地在想："我能干得更好。"

在思考的时候，你往往确信自己能同时兼顾上司分配的任务和预算申请。可是如果真的这样干的话，每星期60小时的工作量会持续1个月以上。现在，你必须决定是把预算准备工作交给玛莉琳，还是继续自己干。

下面的问题有助于你决定是否把工作授权给玛莉琳：

1. 尽管我能干得更好，但玛莉琳是不是同样能令人满意地完成这次预算任务呢？

2. 如果我来进行预算工作，却没有尽全力完成上司分配的任务，会出现什么情况？

3. 如果我把工作交给玛莉琳处理，对我，对她，对组织会有什么好处？

4. 我、玛莉琳和组织会分别有什么风险？

5. 如果我同时做这两件事，又如何处理其他的工作？

作为管理者，常常会遇到"我能干得更好"的障碍。假如碰到了，要采取行动确保你的员工受过培训，具备完成授权任务的条件。在你的支持、鼓励和指导下，他们会在工作中成长起来。希望你很快地说："他们能干得更好。"这应该是你希望达到的目标。

阻碍管理者成功授权的另一个原因是对员工缺乏信心。对于管理者而言，这是最具毁灭性的。当你因为对员工缺乏信心而对授权有所保留时，事实上，你使员工失去了发展能力的机会，而这些能力正是你建立信心的基础。这就造成一种无休止的恶性循环。一名管理者抱怨员工无法处理好被授权的任务，随之而来只好自己来完成工作。如果员工无法工作，那么比起天生的才能，你更应考虑一些他们的培训环境。

如果你感到无法进行授权是因为你对员工缺乏信心，那你主动拿出行动来。等待他们采取行动来建立你对他们的信心想法很天真。你必须展现领导者的魅力，勇于承担风险，打破恶性循环。如若不然，情况只会变得越来越糟。

一些管理者经常认为自己没有多余的时间花在授权上面。这种想法看上去是可笑的，因为好的授权的主要益处之一就是为管理者节约时间。但是对于大多数管理者而言，为什么缺乏时间往往又成为授权的障碍之一呢？

要成为有效的授权者是很花费时间的。你得花时间准备授权计划，与员工见面，布置授权任务，还要跟踪检查他们的工作进展。同时，你还得投入时间培训那些可能被授权的员工。既然授权的诸多方面都需要花费时间，那么管理者们回避授权又有什么好奇怪的呢？事实上，情况并非如此。

对管理者而言，如果你不授权，那么这些任务都必须由你自己来完成，所花费的时间比授权所花的时间多得多，而且如果你能正确地掌握授权，节省时间的余地会更大。

许多管理者因为害怕失去"CAP"（控制、权威、权力）而放弃授权。你对自己说，"我不想授权是因为我会失去CAP（控制、权威、权力）"时，事实上，与这种顾虑进行的思想斗争就已经开始了。许多管理者发现这是最难以克服的障碍，因为他们必须放弃一些看上去是管理者的本质所在的东西。

当你把一项任务授权之后，对于责任的转移，你的心里可能会涌起一种特别的感受。你可能会觉得失去了控制、权威和权力。你不知道你是否会因为下属出色地完成任务而依旧获得好评。其本身也并不消极。你应该正确地对待它们，否则它们就会成授权的障碍。一些极端的情况，如果任其发展会成为你最担心的事情，它们就变得具有破坏性了，并且会严重地削弱管理者的管理效果。所以，没有理由让这样的想法存在。

哪些应该授权

对于决定哪些工作可以授权而言，没有普遍的标准。因为情况千变万化。然而，下面的这些指导方针和例子将帮助你在分析你自己的具体情况时作出决定。

1. 授权那些经常性的必须做的事情

这些工作你已经做了很多遍，并且是公司例行规定的必要任务，你对它们了如指掌，知道这些工作关键所在、所具有的特性以及具体操作的细节。它们是最容易授权的工作。因为你很熟悉它们，所以你能很容易地解释清楚，然后把它们委托给员工去做。

你有没有被要求定期参加一些连你的副手们都能轻易地对付的"碰头会"？

一个地方银行的董事长被要求参加每月一次的由社区所有金融机构参加的午宴。午宴主要起到一个社交作用，其中几乎没有什么事情是他的助理不能解决的。董事长意识到这是个只需要"去做"而不需要"策划"的任务，于是打电话给他的助理，向他解释这个聚会的作用。这位年轻的助理渴望有这样一个机会能在很专业的环境中与他的同仁们会面。这就是授权的一个完美的机会。

2. 授权专业性强的事情

你会给家人做手术吗？不大可能，除非你碰巧是个医生。你会在法庭上做自己的辩护人吗？不大可能，除非你碰巧是个律师，你会寻找这一领域最专业的人来做。在公司里也是同样的道理，你必须发挥员工的专长。

要小心"超人综合征"，有些时候你需要将一些日常工作交给律师、会计、税务经理等专业人士或其他临时性的"超负荷"员工。要让你的需要与员工技能相适应，利用他们的才能，你可以将精力花在更有效的方面。

3. 授权"职业爱好"

某位销售经理已经连续几年参加了在芝加哥举行的一个商业展销会。她已经把这个任务视为和旧友见面的机会，而实际上她已经不需要再亲临那个展销会了，因为她手下的任何一个销售代表去也能取得同样的工作成效，这些工作早就应该让他们去做，她没有给交出去是因为她觉得这些工作对自己来说太富有趣味性了。这些想法是错误的，当然她自己保留一两个也可以，但是至少要意识到它们的特征：简单、有趣，而有其他人比她更胜任这份工作。把自己最感兴趣的工作分配给其他人可能看起来是荒谬的，然而正是这些工作让你流连忘返却不足以体现出你所付出的时间和精力的价值。它们往往与你的专业领域和以前在公司担任的职位有着千丝万缕的联系。

4. 授权发展机会

作为管理者，你首要的职责是给予你的团队成员良好的发展机会，达到这一目标的好方法是将恰当的任务分配给恰当的人。你清楚你的工作，也了解某些任务能使团队成员获得进步，那么，你就应该给予他们发展的机会。

某位市场部经理被要求每个月就本部门当前的项目作15分钟的汇报。他这样做了1年，这使得他有机会和董事们见面，因此他乐意这么做。他同时也意识到他所在的部门中有人会从这样的汇报中受益。当他与副手们谈到可能授权其他员工去做这个汇报时，他发现有几个人十分希望在董事们面前汇报工作。

接下来的3个月，作为一个试验，他让自己的副手去作每月的汇报。结果让这位经理很满意。董事长表扬他，说他的副手们表现很好，并对他主动授权让别人来汇报表示欣赏。

员工们也珍惜这个机会，并且在汇报技巧方面表现出惊人的进步。这位经理以一个授权给员工以发展的机会，并将它付诸实施，这让大家都受益。

哪些不可以授权

虽然多数管理者都错在授权不足，但还是有个别的管理者错在授权过度，有些工作是完全不能授权的。下面是确定哪些工作不能授权的基本原则。

1. 不要授权人事或机密的事务

人事方面的决定（评估、晋升或者开除）通常来说，是很敏感的，而且往往难以做决定。一旦有些人事工作需要保守秘密，那么这项工作和职责就应该自己亲自行使。

分析你部门工作的分类和薪级范围看上去很花时间，这似乎是首先可授权的工作。但由于牵涉到很多的利益，所以应该是管理者自己做的工作，不适合授权。

2. 不要授权关于制定政策的事务

你可以在涉及政策制定的一定范围内授权，但绝不要授权他人关于实质性的政策制定工作。政策会限制相关的决策制定。

在规定的、有限的范围内，你可以授权他人承担一些制定政策的任务。信贷经理制定总信贷政策，销售人员往往也有权在一定的金额范围内为特定的一些客户提供信贷额度。

3. 不要授权危机问题

危机会不可避免地发生，假如发生危机，管理者应亲自坐镇，制订应对方案，很多事都应该亲力亲为，这不是你该授权的时刻。当处于危机的时候，要保证自己在现场起一个领头的作用。这样，有利于稳定人心，避免事态进一步恶化，为解决问题赢得宝贵的时间。

4. 不要授权直接由你负责的员工的培养问题

作为一名管理者，你的职责是去创造条件，使员工在与你共事时能使他们自己得到发展。你的员工应该在他们的成长和发展过程中得到你的帮助。他们依赖你的经验、你的判断、你对组织和它的需求的了解来辨别对他们成长有帮助的工作。这不是你该授权的工作，虽然你可以从他人那里得到一些帮助，但这是你的职责。

5. 不要授权你的老板分配给你亲自做的事情

你的老板叫你亲自做一件事情通常会有他特殊的理由。如果你坚定地认为将它授权给你的一个员工去做更为合适的话，先和你的老板商量一下，弄清楚他是要你做还是叫你给别人做。错误的理解可能会使你和老板之间产生误会。因此，对这种事要与老板沟通，应谨慎，千万不要自行其是。

记住，这些关于什么授权、什么不该授权的建议只是基本原则，应在实际工作中灵活掌握。它们对你决定一项任务是否该授权应该有帮助，但是你必须具体情况，具体解决。根据这些基本原则，有些任务你应当授权，但遇到特殊的情况可能需要你自己去完成。

例如，你可能有一项常规性任务非常适合授权，但是你如果要授权，有可能任务不能按时完成，只有你亲自做。

不要太小心翼翼。如果利弊似乎相当，那就大胆地授权，并监控其发展进程。

如果你有些担心，你就自己多参与一点，但是不要停止授权。随着经验增多，你会掌握更多的技巧，所以，在小心地避开授权的禁区的前提下，应多寻找授权的机会。

授权应具体而且正式

关于成功授权有一个不变的主题：先计划好时间，以免将来浪费时间。或者说是：与其以后你不断抱怨，不如现在你将它们解释清楚。授权会议是体现这些警示最佳的方式。

有些经理在准备授权时，有很好的意向和构思严密的计划。他们对工作进行分析，挑选出正确的任务进行授权，制定非常实际的工作目标，并将这些目标分配给合适的员工。但是，这些很好的准备工作却被后来的行为破坏殆尽。原本与员工一起花上足够的时间开一个授权会议是十分关键的，但有些经理却草草说几句，员工们糊里糊涂，不知道自己该干什么。授权的前期准备工作做得很到位，却由于对授权的正式性、严肃性不够重视而前功尽弃。

不要急急忙忙地授权。走廊上漫不经心的讨论和嘈杂的会议室不是一个足以传递授权重要任务的场所。应该安排充足的时间来安排授权，理想的选择是在办公室认认真真地举行一个授权会议。讨论和提问时间要充分。有时一个重要的授权会议可能需要1小时，就是分配一个简单的任务，也要10分钟，不要想当然地认为，员工能很容易地领会，你应该向他们解释清楚。如果因为你没有传递充分的信息而使员工没能很好地完成任务，那么责任在你。所以，授权必须是一件很严肃的事，应该谨慎对待。

授权的第一步就是计划授权会议。你必须在授权会议开始前认真考虑整个授权过程。也要清楚了解：如果员工被授权从事这份工作，他们需要得到什么支持、资源甚至权力，同时应预测员工们会遇到什么样的问题和困难。一旦你准备召开授权会议，请参考以下所列的5个步骤。

1. 表明目标

清楚地向被授权员工表达你要求达到的目标，只有在有清晰的目标时你才开始行动，当你明确这些目标后，将它们写下来。用最多的20个字将项目目标陈述清楚，包括可衡量的成绩标准。如果你觉得写不下来，就重新分析这个授权，将它最小化和具体化。定期地让自己和员工反复重温这些目标。如果它是一个很小的任务，简单复查一两次就足够了。但一个为期6个月的项目可能会需要每个月都进行复查，以确保这些目标仍然可行。复查这些目标可以避免工作中产生的困惑。不要过分强调遵循固定的工作方法，这样将给员工们太多限制，并会削弱授权的影响力。用不着教他人怎样做事情，只教他们去做什么。而他们将用创造力来给你惊喜。你所表明的目标是双方对一个客观成绩的认同。

下面是两种不同的授权方式，你可以看出两者的差异：

第一种方式："罗斯，将这些人事调整报告以公函形式复印500份，发给各店铺经理。马上就给我去干。"

第二种方式："罗斯，公司的销售网络包括500个店铺，而我想尽快地通知各店铺经理有关公司的人事调整情况。我希望你能够处理这项工作，你能不能考虑一下，并且在半个小时之后和我进行讨论？"

罗斯可能会让你大吃一惊。她可能会建议你同时把即将复印的公司新闻通报备忘录也发给经理们；或者她会认为唯一可行的方式是发给经理们500份表格式信件；可能她不知道该如何完成这个任务。很好！你现在有机会教她两件事：第一，给500个人传递信息，有很多种不同的方法；第二，你在授权她去做这份工作时会不断需要她的主意和帮助。

2. 设定时间表

如果被授权员工认为无法按期完成任务，在允许的情况下，你应和他一起制定出更可行的时间表。允许员工制定他们自己的时间表比他们被动授权要好。如果被授权的人能够自行决定任务的时间安排，将使他们对面临的任务有更强的使命感。

但是，情况有时候确实需要你来制定完成时限。要确保授权员工明白该项工作中有哪些任务应该优先处理，也要让他们明白不是你授权的每一件工作都必须优先处理。当然，明确时限是必要的，要避免像"任何时候你完成都行"和"那就下个月的某个时候吧"之类的表述。一定要建立一些汇报程序，以使自己能够监督工作进程。此外，还要建立必要的复查机制，这样做可以给被授权者一个关注日程中其他任务的机会。对于一个简单的任务，一两次复查就足够了。复杂任务则要求举行有具体议程的例会，以及制定整体任务进程中各分步的时限。告诉被授权者，如果没有充分的理由，所有的检查时间和最后完成时间是不能变更的。

3. 分配必要的权力

无论你何时分配工作，你都应该给员工执行工作的足够权力，应让每一个被授权员工了解你赋予了他权力，尽可能将你的员工介绍给予任务相关的人士，包括上司、同事和支持人员。你应明确被授权员工现在有足够的权力来完成这项任务，并且让他知道你期待他能够解决工作中的所有困难。

4. 明确责任分担

将一项任务完整地授权能够提高被授权者的兴趣和成就感。在每个授权中让自己对员工们充满信心。如果对某个员工没信心你就不应该授权给他。

明确被授权者对任务所负的责任有助于两件事：一是让员工知道这已经是他们自己的事了，他们须对工作结果负责；二是给他们的工作形成了一种正面的压力和动力。

因此，授权时你应强调被授权员工可自由地作出与工作相关的决定。

5. 授权任务必须被彻底接受

被授权员工必须明确承诺接受分配的任务并将为之努力，你需要的不是被强加的接受。你同时需要他们对所设目标和完成时限的接受。或许你最好与被授权者一起将目标和时限记下来存档。

当你浏览了一个授权会议中所需要做的一切之后，你会明白为什么人们要花时间来认真面对它。当授权完毕时，你应该确信，被授权员工应明白以下几点：

1. 任务目标；

2. 完成时限；

3. 实施任务的权力；

4. 所负的责任；

5. 任务结果的验收方法。

如果你只是很随便地授权或布置一项任务，就等于告诉被授权者这项任务不是那么重要，即便事实上很重要。相反，如果你认真严肃地举行了一个授权会议，你就给员工们传递了一个信息：这项任务对我们很重要。被授权者因此可能会给你肯定的反馈，并且认真负责地来完成它。

放手，但定期检查不可少

一旦授权，你还应当采取必要的监督措施。

一旦你把一项任务授权，就要让你的员工有充分尝试的机会，不要干涉。让员工去做，哪怕做得并不好。一旦把任务委托出去，你就千万不要越权。要明白你委托给员工的是整体的、重要的工作，而且你的确已经授权了这些工作。授权就像是放风筝，要给它足够的空间去翱翔。如果你把任务收回或是简化了，你的干涉只能挫伤员工的积极性，使他们难以圆满地完成任务。犯错不是放手的必然结果。

你作为上级，在一些问题上，给员工及时的指点是必要的，但必须明确区分越权和指导的界限。策划一系列的成功授权来帮助员工成长和提高并不是说，你授权的时候要寻找一切机会避免犯错。不是所有的授权任务都能正确地完成。实际上，错误是你从经验中学习的一个必不可少的部分。它告诉你什么是不能去做的。知道什么不该做的人比从来不被允许去冒险而犯错误的人要明智。从不犯错误人的往往听命于犯过错误的人。当然，你不希望你的员工因犯过多次的错误而失去信心，你会限制他们犯错的机会。

员工没能正确地完成任务可能意味着你的授权没有进行

彻底，你的控制有可能也不管用。如果员工没有完成授权任务，你应该寻找原因，回头看看所设的目标是否陈述清楚，是否现实，在整个授权过程中你是否进行了督导。正确的督导体系可以防止大的或严重的失败。

一旦员工意识到他们犯了错误，你就不要反复地提及。这样会让你的员工感到沮丧，要多强调正面的东西，对他们做得对的方面要及时肯定，然后再帮他们分析错误的原因。假设你的卡车司机在最后期限内把急需的货物送到了你最重要客户的手中，但是回工厂的时候因快速行驶而发生了交通事故。这时，对他及时送货而让客户满意要表扬，但要和他认真谈谈他的开车习惯。你只能给自己几分钟的时间生气，过后就让它结束。不要揪住一个人的错误不放，这样做是愚蠢的。

同样，要注意的是主观的努力，而不是客观的环境。当你批评完员工以后，不要忘了表扬做得好的地方，这样会促使员工重新思考他们的行动。在任何时候，人们一次能接受的批评是有限度的。如果超过了这个限度，他们就会开始自卫，开始否定批评的正确性并把它拒之门外。因此，当有人真正把一件事情办糟的时候，尽量去帮他逐渐把事情弄妥帖，而不要把一切责任一股脑地往他身上推。

　　当你授权时，你要放手让员工有展示自己才华的空间。这表明你对他有信心，对增强员工自己的信心也大有好处。但是你必须继续定期检查，以确保被授权的任务在正确轨道上运行。从逻辑上来说，这是合理的。

　　辛西亚是《华盛顿邮报》的编辑。正如管理类书中教给她的那样，她相信授权。作为一名工作繁忙的女性，她十分希望她的手下能为她分担一部分工作。

　　麦克是一个特别项目的统筹。他非常着急，因为一篇评论没有写出来，可他又不想照以前的方式来写这一部分。这时，辛西亚向麦克作出保证，她会如期做好这件事情，尽管时间很紧。

　　辛西亚马上把有关这个题材主要的论题收集整理出来，列了一张单子。她把这张单子放在道格的桌上，还用红笔写了一张很大的便条："道格，马上着手写这篇稿子。时间非常紧急！"然而，她怎么都没有想到，道格——她的得力助手，因为家里出了事，请了一个多礼拜的假，根本没来上班。

　　两个星期后，辛西亚去参加一个编辑会议，在路上碰见了道格，便问他工作进展如何。看到道格一脸茫然，辛西亚知道不妙。当她解释了是哪项工作时，道格说："哦，是那个呀。我4天前才看到你留的条子，那时我刚从家人的葬礼回来。顺便说一下，在做这件事之前我需要向你确认几件事情……"听到此话，辛西亚对道格发了一通脾气，她当着其他记者的面，在编辑部把道格狠狠地训了一通，虽然她知道这样做是不对的。其实，她是在生自己的气，因为，她没有想到要早点检查一下项目的进展情况。

这就是在那些希望做到最好却因为没有定期检查而失败的人身上所发生的事情。

你有很多方式可以监控授权：口头会议、书面总结、正式报告、流程图、核对表、日历，等等。关键的因素是：你必须有个时间进程表。你要控制它以避免发生重大的失误，这个责任要由你来负。

要牢牢记住你在授权之前和授权之后所承担的责任是什么。定期检查是授权过程中的关键。你应该建立一个自动检测系统。这样你就会得到规律性的简短报告（每周、每天、每月或者任何适当的时间），告知被授权任务的完成情况。从这些报告中得来的新数据可能会让你重新调整这个项目。或者，你会发现这个项目正处于混乱之中，你可以选择适当的时候介入，使其重上正轨。把握定期检查的正确尺度。

在多大程度上，关注一项已被授权的任务，取决于四个因素：

1. 完成任务的难度和重要性。

2. 如未能如期完成，会有什么后果。

3. 被授权员工的能力。

4. 被授权员工的士气和发展。

忽略了以上任何一项都会带来麻烦，或者至少会削弱整个授权的效果。你需要全面地权衡这四个方面，然后决定在多大尺度上来监控你的授权。

例如，琼斯是一家化妆品公司的销售主管，负责组织一次消费者调查，以评估一个新一代护肤品的受欢迎程度。杰克是合作社的学生，在琼斯这一组工作。琼斯决定让杰克来组织这一次调查，这对杰克会是一次很好的锻炼的机会，调查的结果必须在10月1日前出来。

6月15日，琼斯约杰克在自己的办公室碰面，讨论授权的事情。琼斯向杰克描述了整个任务，还开了一个完整的授权会议，因为这会帮助杰克正确地起步。琼斯同意杰克访问50名消费者以确定他们对这种护肤品的看法，然后9月1日之前写一个总结报告。当杰克离开琼斯的办公室的时候，他说："琼斯，你有一件事情没有提到，那就是你将如何监控这项工作的进展。"琼斯回答说："我明天给你一个答复。"

琼斯制定了定期检查计划，并制成表格形式：

任务	消费者调查	被授权人	杰克
授权时间	6月15日	完成时间	9月1日
时间	所需要的定期检查		建议方式
6月20日	检查杰克制定的日程表		以流程图的形式做出来，然后口头讨论
7月10日	检查问卷调查表的草稿		书面总结
7月20日	是否联系了所有的被采访者		口头汇报
8月20日	是否访问完了		口头汇报
8月25日	检查最终报告的草稿		书面总结

当琼斯完成这张表格时，她复印了一份给杰克。这样他们就可以按照这个定期检查的日程来开展各项工作。

第六章

带人就要像教练一样：培训员工的方法

麦当劳经理的成长历程

麦当劳公司的培训为我们招揽优秀人才提供了一项重要法宝。

麦当劳公司于1979年，在法国斯特拉斯堡开设了第一家餐馆，开始进入法国市场。短短的12年之后，它就成为一个遍布30多个城市由100多家餐馆组成的庞大体系。如此发展速度和规模，需要有一个成熟而稳定的中级管理阶层。在麦当劳，这个阶层主要是由年轻人组成的。那么，麦当劳是如何把一个毫不起眼的毕业生培养成优秀的管理者呢？

在麦当劳里取得成功的人，都有一个共同的特点：即一切从零开始，脚踏实地。炸土豆条、做汉堡包是每个麦当劳员工走向成功的必由之路。脚踏实地从头做起是在这个行业中成功的必要条件。在这里，从收款到炸土豆条直至制作各式冰淇淋，每个岗位上都有可能出经理，他们是如何做到的呢？

原来，法国麦当劳公司实行一种快速晋升的制度：一个刚参加工作的年轻人，如果工作出色，可以在18个月内成为餐馆经理，可以在24个月内当上监督管理员。

这个制度可以有效地避免滥竽充数的现象发生：每个级别都有经常性培训，相关人员只有积累一定数量的知识和经验，才能顺利通过阶段考试。公平的竞争和优越的机会，成为麦当劳吸引人才的法宝，每年有大量大学毕业生来此，施展自己的抱负。

首先，一个有文凭的年轻人要当4～6个月的实习助理。在此期间，他们以一个普遍班组成员的身份投入到公司各个基层工作岗位，如炸土豆条、收款、烤牛排等。在这些一线工作岗位上，实习助理应当学会保持清洁和最佳服务的方法，并依靠他们最直接的实践来积累实现良好管理的经验，为日后的管理实践做准备。

第二个工作岗位则更带有实际负责的性质：二级助理。这时，他们在每天规定的一段时间内负责餐馆工作。比起实习助理，他们要承担一部分管理工作，如订货、计划、排班、统计等。他们要在一个小范围内展示他们的管理才能，并在日常实践中摸索经验。在进入麦当劳8～14个月后，有文凭的年轻人将成为一级助理，即经理的左膀右臂。与此同时，他们肩负了更多更重的责任，每个人都要在餐馆中负责一个方面，他们的管理才能受到很大的锻炼。这样，离他们的梦想——晋升为经理，已为时不远了。有些人在首次炸土豆条之后不到18个月就实现了自己的梦想。

在达到这梦寐以求的阶段前，他们还要去芝加哥汉堡包大学进修15天，这是他们盼望已久的机会，也是实现目标的最后一跃。芝加哥汉堡包大学是一所名副其实的大学，也是国际培训中心。它接待来自全世界的企业和餐馆经理，既教授管理一家餐馆所必需的各方面的理论知识，又传授相关的实践经验。

应该承认的是，这个制度不仅有助于工作人员管理水平的提高，而且成为麦当劳公司在法国乃至全世界范围极富魅力的主要因素之一，吸引了大量有才华的年轻人的加盟。

此外，麦当劳公司有一个颇具特色的规定：如果人们没有预先培养自己的接替者，那么他们在公司里的升迁将不被考虑。麦当劳公司的一项重要规则强调，如果事先未培养出自己的接班人，那么无论谁都不能提级晋升。

这就好像一台机器中的很多个齿轮的转动，每个人都得保证培养他的继承人并为之尽力，因为这关系到他的声誉和前途。这是一项真正实用的原则，麦当劳公司因此而成为一个发现人才、培养人才的大课堂。在这里，缺少的绝不会是人才。

成功和有效的员工培训和培养计划，提高了企业员工素质，满足了员工自我实现的需要，增加了企业凝聚力，不论是多么优秀的员工，企业都负有进行培训和培养的责任。培训和培养不仅仅局限在新员工的岗前培训，主要的重点应当是企业员工的岗位再培训。这不仅能提高员工完成本职工作的技能和知识，通过对员工其他技能的培训，还是对员工潜能的进一步开拓。

麦当劳公司的培训卓有成效，而且颇具特色，成为招揽优秀人才的一项重要法宝，不仅为麦当劳公司带来了巨大的经济效益，而且还为公司带来好的名声，并为企业界创造了一种新的模式。

培训，要不要收回投资

培训，要不要收回投资？

有一种现象特别普遍，在对员工进行培训之后，被培训的员工流失的现象越来越严重，特别是一些培训后的技术骨干员工。

究其原因，主要是因为，经过培训的员工认为自己的技能有了进一步的提高，而这种提高没有在工作薪资和待遇上获得相应的体现，当他认为自己在企业的薪酬情况低于同行业同能力人才平均水平时，就会考虑"跳槽"。

而企业方则认为，公司付费让员工参加培训，是对员工工作业绩的一种肯定，是一种激励措施。作为回报，员工应该更好地为企业工作才对。出于对员工培训后流动的顾忌，有些企业减少了对员工的培训。即便是进行培训，培训机会也会向较稳定的高级经营层倾斜，这样做的直接后果是普通员工和骨干员工的培训机会减少，直接影响企业的效率。

作为管理者，如何解决这一矛盾呢？

员工通过培训提高了自己的知识和技能，从而为企业提高了劳动生产率。由于对企业的贡献有所增大，员工自然会想到的薪酬也要得到相应的提高，自然就会有加薪的要求。

当员工找到人力资源经理要求加薪时，人力资源经理很可能会告诉他：培训是公司安排的，培训费用也是公司支付的。培训使你增加了对公司的贡献，是培训的必然结果。另外，公司为你付费培训，使你增长了工作技能，这本身就是公司对你工作的肯定和回报。

员工则认为，培训作为公司的一种投资，并非投资到任何一个人身上都会产生效果的。公司选择我进行培训，是因为我的业绩突出并且有继续增长的潜质，而我也如公司所愿提高了工作业绩，这和我付出辛苦的劳动是分不开的。多劳应该多得，加薪也是正常的。如果员工与企业在这个问题上无法达成一致，就会增加员工的流失风险。

从上述简单的分析可以看出，企业在收回它的投资之前，很难满足员工加薪的要求；而员工由于也付出了心血，很容易想到要提高薪酬。另外，员工对受训后可能增加工作量的预期，也促使员工要求提高薪酬。

上述分析是从企业内部来着眼的。实际上，企业是一个开放的系统。在竞争性的市场中，受训员工可以很方便地将自己的薪酬与同行业其他企业同能力员工进行对比。如果低于普遍水平，受训员工很可能就会将自己要求加薪的期望，转化为要求加薪的行动。

作为企业，如果没有收回培训投资，那么这项培训就是失败的。如果企业一直无法找到有效收回投资的途径，企业会倾向于减少培训或者不进行培训。所以，制定一套有效收回投资的培训政策是非常有意义的。

企业培训投资回收策略，可从三个方面进行考虑：

1. 培训前收回投资

即在培训开始之前，从员工薪酬中扣除培训费用。培训前收回投资可以最大地降低企业的培训投资风险，并且会迫使员工主动参加培训。比如在制定企业的薪酬政策时，可以将员工薪酬的一部分划为培训费用。这样员工的薪酬水平越高或者员工在职的时间越长，这部分培训费用的积累就越大，员工的培训机会就越多。这种政策还保证了骨干员工在培训方面的优先权。

另外，企业还可以将员工年终奖励的一部分划为培训费用，在第二年培训时使用。这样做可以保证企业中业绩突出的员工优先得到培训。

2. 培训时收回投资

实际上，企业普遍采用的试用期制度，就可以理解为一项企业在培训时收回投资的政策。由于在试用期期间，员工还没有足够的技能和经验来适应新的工作岗位，企业要通过岗前管理培训、岗前技术培训和工作指导等培训方式使员工的知识和技能尽快地适应新岗位的要求。试用期薪酬与同岗位正式薪酬的差异就是新员工为试用期培训所支付的费用。

如果某员工的知识、技能与岗位要求差距过大，那么企业就需要增加对该员工的培训投资，所以在试用期内，该员工的试用期薪酬可以比其他试用员工更低。

3. 培训后收回投资

培训后收回投资是很多企业的常用做法。最常见的形式是，企业与员工签订培训协议，在协议上明确规定，受训员工只有在企业工作满几年后，才能离开公司，否则必须按比例补偿企业部分培训费用。

全面品质学习——灌注企业细胞

强大的成功的企业是建筑在不断提高质量的学习上的。

企业成功的道路千万条。拥有一个能执着追求、不懈学习的组织就是一条很有效的道路。企业不仅只是通过学习，更要建立全面品质学习，才能为持续、稳步的成功打下坚实的基础。

《第五项修炼》的作者彼得·圣吉将他的第五项修炼聚焦在学习型组织的艺术与实务。但他的理论在付之于实践时仍然有不足之处：他停留在第五项修炼，或者说只强调系统学习。事实上，当你与操作员谈话时，他们根本无法理解系统的概念，同时此概念也与他们日积月累的经验相去甚远。

在第五项修炼的基础上应该发展"第六项修炼"——全面品质学习。

全面品质学习的主要要素是什么？

全面品质学习需要头脑思维方式的改变。传统上，企业组织总是先确立一个长期的目标，一般是由行政总裁首倡并确定下来。然后由高级管理层拟定使命说明来进一步将这个长期目标具体化。经理人随后将这个目标传达给员工。这一切听起来很顺理成章。事实上，效果并不好，当这个目标沿着命令链层层向下传达时，它往往会为渐渐"退化"甚至"扭曲"。人们会忘记先前说过的一切，并很快依然我行我素。

理想的方法是要先行动起来。行动成功之后，人们的行为自然就会随之改变。然后高级管理层就可以坐下来，写好体现远景目标的使命说明书。

日本的"5—S法"是引发行动的好工具。5—S是由五个日本词语组合而成，翻译过来就是结构化，系统化、净化、标准化和自律化。举例来说，如果你想将一个工厂或者部门提升到世界一流水平，你可以通过5—S法达到这一目标。5—S是行动导向的，并且确实需要组织中每个人的努力。

大部分企业都非常欢迎组织学习这种理论。但也有人认为，这种理论在实践方面会变得越来越迟缓。人总是过分拘泥于日常工作，尤其是在经济不景气时则更为严重。那时的人们感觉，生存才是最重要的，完全将学习撇在一边。人们总误以为学习不是一件紧迫的事。不过仍然有一些组织在不断学习，而且是迅速学习。

微软公司就是一个学习型组织的非常好的例子。他们无时无刻不在学习和宣传新的观念。

如今，我们看到企业变革的节奏已经加快。这就意味着，企业要把握机遇或是摆脱其他快速学习型企业的竞争威胁，就必须以更快的速度学习。如果意识不到企业学习的必要性和紧迫性，企业必将眼睁睁地看着自己落人尘后；而那些起而从之者必将成为竞争的胜出者。在促进组织学习过程中，你应扮演什么角色？

你最重要的任务就是以身作则。在关键时刻或是面临关键任务时，你必须树立榜样，表现出决不动摇的坚定意志来。

学习需要树立一个良好榜样。如果企业采用全面学习，你就要为员工做出表率。你一定要让每个员工看到，他们的上级每天在不断学习新的东西。如此一来，其他员工迟早会效仿。现在，你的任务已不再是发号施令，而是展现出学习的能力。

在经济萧条的时候，人们往往只顾头不顾尾。他们只会一味去适应工作而不是去注重学习。应该如何解决这种问题呢？

无论环境如何，绝不能畏惧，应该继续学习。请牢记质量管理大师戴明的忠告："组织中决不应存在恐惧。"

要使学习确实有效果，个人培训与团队学习就要互为补充。在同事中共享经验有助于企业内部的成长。当然，这种情况只有组织具有一定的架构时才会发生。学习过程的规划必须是自上而下的，然后才是自下而上地让每个员工都参与进来。

弹性工作以及外包等趋势是如何影响企业组织学习的？这种趋势是否会与组织内部、外部的学习产生不协调，并最终对企业不利？

这一切都归根于供应商与客户之间的合作关系。用现代的观点来看，外包需要是一种非常亲密的合作关系，和婚姻有点类似，在这种情形下，这种学习必须扩展至供应商。否则，一切都会白费。外包以及其他趋势都不应该阻碍学习。外包应使得学习成为理所当然的事情。外包供应商也许可以从他们客户的其他客户身上获得经验。他们可以利用这些经验，使其他组织受益。

体验式培训，值得一试

别具一格的管理培训课程培养参加者的创造力，并挑战他们的忍耐极限。

如果你觉得在水中游泳或玩大块拼图游戏似乎是一种奇特的管理培训方式，那你显然是少见多怪了，至少是你没参加过体验式培训。

体验式培训一般由专门的培训机构开展实施，IWNC公司就是其中最有名的一家。这家体验式学习公司专门培训员工"跳出框外思考"。它目前在中国内地、香港及日本设有办事处。其课程安排通常为期3天，并在一些偏远的地点举行，如在位于中国长城脚下的乡村、杭州西湖边上或静谧且风景如画的香港大屿岛上的培训学校。该公司不会在乎平淡无奇的酒店空调会议室举办讲座，既不使用投影仪，也没有生动的电脑图表。

"我们采取的是体验式培训，让人们在培训中展现其真实的行为"，该公司中国办事处总经理布朗说，"我们采取辅助技巧，协助参加者分析、讨论他们在活动中的行为，并带回到他们的工作场所中。许多参加者都是工商管理硕士，而且一般都是非常精干的年轻人。但他们缺乏交际技巧、主动性及创造性。这些是他们所受教育没有提供的。"

一般每个培训小组由自管理层往下的多名成员混合而成，这是个优良组合，每个人的穿着都很随意，乍一看没人能知道谁是上司。

另一重要条件是培训地点应远离工作场所。美国汽巴公司香港染料部经理西蒙斯对此深有感触，他在6月之内让包括他自己在内的80名员工参加了IWNC课程。他说："没有电话搅扰，甚至没有移动电话，简直太妙了。"

通常情况下，IWNC课程是企业更大培训项目的重要部分。诺基亚的中国公司在12个月内分别举办了4次IWNC课程，对象是新招聘的员工，旨在让他们建立彼此的信任感及承诺。

虽然这些管理技巧源自西方，但这类培训在很多国家和地区都是适用而且受到了欢迎。另外，培训练习活动的失败比成功能教给人们更多东西。

在一个真实的案例中，一家跨国石油公司想从竞争对手手中夺取市场份额。但它的四个独立的中国办事处却没有共享的目标，没有采取一致的提高销售额的方式。在IWNC看来，解决方案就蕴藏在一个1小时的练习中。练习使用的道具包括橡胶手套、一条绳子、一个弹力橡胶管及放在水桶上的一杯水，水桶则放在一个大绳圈内。

布朗解释说："练习的目标是将杯子（代表顾客）从水桶（代表竞争对手）上移开，运用所提供的道具（创造性和主动性）将杯子安全移到圈内的四块小木板上（企业的服务中）。"

"你不能进入圈内，只能使用那些工具。这个练习意在表明，如果你不小心对待顾客，你就会失去他们的忠诚，即洒掉此处的水。我们鼓励学员使用商业用语来替代道具的原来名字。"

"在这种练习中，每个人必须精诚合作，具有战略眼光。你不仅要接受现状，还要与他人共享信息并让每个人都参与进来，就像从事商业活动一样。"

在IWNC的客户看来，其中的挑战在于参加者将水杯挪开是对他们各自工作场所的恰当比拟。这意味着要创建各种框架，秘书或一线销售人员能渐渐把握做好业务的观念，或创造使员工可以畅抒己见的氛围。

"这些培训活动及建立团队的方式简直太有意思了，"布朗说，"人们喜欢他们的培训地点和玩的游戏。但活动研讨以及研讨如何反映日常工作至关重要。作为一名辅助者，我观察了大量细节，然后向组织者反馈他们下次如何能做得更好，他们按着做了。"

IWNC的其他训练是针对突破个人局限的。对西蒙斯来讲，这种突破就是在攀登荡来荡去的绳梯时克服对爬高的恐惧。在IWNC举办的第一期培训课程中，他只能爬三级，但在随后的课，他爬到了顶端。汽巴公司在设计IWNC公司课程的框架时，其准则是团队协作和冒险。

"学员虽然感到紧张，但不怕丢面子，因为失败了也没什么，"西蒙斯强调说，"这更像是在说'我要试试'，并向你的恐惧挑战。"

像IWNC公司这样的体验式学习公司已大量出现，它们设计的培训获得企业的广泛欢迎。这种创新的培训形式，在促进员工交流合作方面成绩斐然。

不培训才会产生问题

培训不能解决所有问题，但不培训会产生所有问题。

星期一："切伊尔·鲍莱思·阿什顿答应你，如果你调到她的小组，她今年就会送你去参加三个重要的培训班。对此，我真的十分佩服。不过，你真的就会凭这个原因离开我们吗？"

星期三："维尔达，如果事情就是这样的话，那你就去给纽莱先生打个电话，告诉他我们真的不能在本周结束时向他交出报告。一定要让他知道我们是愿意这么做的，可鲍利斯是唯一懂得该怎么做这种表格的人，而他要到下周才回来工作。"

星期五："基特，你原定下个星期二和星期三参加的文字处理培训，恐怕得取消。因为你一走，我们的人手就不够用了。"

把上面三个事件压缩到一起，这些事件在现实生活中不太可能发生得如此频繁。但是，不对员工进行培训和提高，其后果是显而易见的。

1. 工作群体失去了一位员工，因为他不能在此获得新技术的培训机会。在知识更新日益加快的今天，培训已成为员工职业发展必不可少的推动器，如果管理者不能为他的员工提供足够的培训机会，那么相当于把优秀的员工推出门外。

2. 工作群体不能为客户及时作好一份报告，因为只有一个人懂得怎样处理这一类的表格。更高层次技能的缺乏，将直接影响到员工工作的效率，更重要的是它将削弱企业的竞争力。

3. 一位员工没能获得他所需要的培训，因为工作群体太忙了。这既是原因，也是结果。工作群体太忙，是因为它没有得到足够的培训。而那位经理由于不能将员工匀出来进行培训，又使得这一情况进一步恶化了。

总而言之，未能对员工进行提高将会使你陷入恶性循环。也许培训不能解决所有问题，但可以说，企业的所有问题或大或小地会与缺乏良好的培训有关。

那么，如何解决这些问题呢？

让员工们参加做手头工作所必需的培训，让他们得到必要的提高，为接手要求更高的工作，获得更好的职位作准备。

怎样来做这件事呢？特别是在工作群体已经因为缺乏培训而捉襟见肘时，你该怎么办？你可以考虑以下一些意见：

1. 优先考虑对员工进行培训和提高

你自己最清楚该优先考虑什么工作。但很多时候，培训和提高常常被认为不是那么紧迫而被撂在一边。

只有你才能改变这一状况。你可以为员工培训安排出一定的时间。应该安排出多少时间呢？必须对培训和提高作出安排，而不要等到最后一刻。如果有必要的话，与上司就培训量进行协商；最后制订一份培训计划表，让员工有一个准备，这样，会使培训定期化制度化。

2. 帮助员工制订个人提高计划

很多公司都有精心准备的个人提高计划方案。你可能就参加过这样的工作。把员工们召集起来，要求他们参加到这个过程中来。这样，他们既能找到自己目前在做工作时需要得到的培训，也能找到职业进步所需的提高机会。

在这之后，要与每个员工见面。和他讨论他所需要得到的培训与提高，这将会大有裨益。或许你们意见相左。你应该花些时间来想想自己和员工的观点为什么不一致呢？问题出在哪里，以便对问题发生的原因有一个更好的了解。然后，把培训与提高列出来，并尽量列出培训与提高的阶段。这份清单，你们都应该留底。

3. 让员工们尽快将培训中学到的东西应用到现实的工作中去

把一个人送去参加他在几个星期甚至几个月里都用不着的培训，这可不会有多少好处。尽量这样安排培训：让参加培训的人员能够马上运用所学到的知识。这是保证取得成功的培训结果最为有效的方法。

4. 尽量多地进行交叉培训

工作群体不能为纽莱先生做好表格，是因为鲍利斯没来上班，而他是唯一懂得如何建立这种表格的人。要是你能够保证每个人都有机会得到交叉培训，今后这种事情就不会发生。

这里，你得依靠有效的员工激励手段。大多数员工都热切希望学会其他工作，如果这能使他们的工作更有意思，能使他们为提拔做好准备，情况更是如此。

举个例子，有一个经理与所有的下属达成了一个协议：如果他们能在星期五中午之前完成自己一周的工作，他们就能利用星期五下午接受高薪工作的交叉培训。结果，不仅每个人都在星期五中午前完成了工作，而且部门的缺勤率也要比对照群体低得多。

培训并不能解决所有问题。培训本身也几乎总是一个不完整的答案。但几乎任何问题在得到完全的解决之前都需要对员工进行培训。

十分擅长培训与提高，手下最好的员工经常得到提拔——一位经理因此而广为人知，这是常常出现的事情。另外，即使这位经理在想留住最出色的员工时，可能会遇到麻烦。但在录用替代者时，你却会有特别强的竞争力，人们都会乐意来为你工作。

第七章

带人最终要留住人：不让人才流失的方法

抚慰你的员工

所有员工都难免有伤心的时刻。培养一种富有同情心的文化，随时给予他们帮助。

美国南卡罗来纳州精密变压器公司的人事福利部经理妮丽道出了她的不幸。

"我父亲死于主动脉瘤，当时我在一家纺织公司担任质量控制审计员。上班后，上司走过来对我说：'对于你父亲的去世，我感到难过。'然后再没任何其他表示。"即使人们看到我，也都没什么表示，真是太缺少人情味了。上司希望我一上班就把个人情感抛在脑后。而同事给我的感觉是，不要让别人看到你情绪低落，你会让他们受感染。而且我因工作时失声痛哭遭到训斥。

"即使人力资源部门也是冷眼相待。我想星期五请一天假，去给父亲立墓碑时，和我谈话的那位女士说：'希望你找人处理这种麻烦事。'当时，我母亲没有工作，在未收到保险赔款前，我必须负起全部的责任，仅这件事就够我难受的了。"

"于是我决定辞职。上司问我是否知道自己在做什么。我告诉他，事情太难应付，又没人帮忙。我说我已承受不了。对此他颇感意外，无法理解我的感受。"

妮丽的遭遇绝非特例。很多企业往往轻率地回避了这些事。它们之所以会失去像妮丽这样的宝贵员工，绝非偶然。其实，经理人不应将员工的悲伤视为扰乱工作的消极因素，而应将其看做是一个人们重新调整自我来摆脱不幸、重建健康关系的自然过程。

作为经理人，你要有能力创造这样一种工作环境，使你能清楚辨认出人们悲伤的几个阶段：震惊和抗拒、愤怒、愧疚、沮丧、接受和恢复。这个过程可能会持续数周、数月甚至数年，直到哀伤者接受现实并振作起来。

整个的恢复过程取决于生者与死者的关系。比方说，最令人难以接受的不幸是自己的孩子早逝。毕竟，我们不想自己的下一代会先我们而去。失去孩子，就失去将来；失去伴侣，就失去现在；失去父母，则失去过去。另一方面，很多失去亲人的人最怕他们的亲人被淡忘。所以，尽管你觉得不自然，但笨拙的关心总好过漠无反应。

　　经理人如果学会了解悲伤周期各阶段的迹象，就能帮助失去亲人的员工渡过痛苦的难关。在震惊和抗拒阶段，失去了亲人的员工可能会处于一种麻木状态，不愿相信眼前的事实。他们可能会一头扎进工作以逃避痛苦。

　　在愤怒阶段，他们可能会责怪死者弃他们而去，可能会冲着无能为力的医生发火，责怪他们没能留住其亲人的生命。同事的无心之语也会招来他们粗暴的对待，他们可能还会埋怨同事要求他们举止如常或者对其痛苦不闻不问。

　　他们被似乎无尽的悲伤压垮后，会变得沮丧。特别是逢节假日、生日、亲人的周年忌日时，他们的日子格外难过。融融的家庭团聚中，再也见不到挚爱的身影，触景生悲，痛上加痛。有些员工会选择这些日子请假，以悼念亡魂。作为上级，对此应灵活处理，而且要留心员工有无生病，是否郁郁寡欢及其外表在这段时间有何变化，是消瘦还是变胖。

　　亚利桑那州渥太华大学的助理教授兼劳资关系项目主任鲍勃说，工作环境中所缺少的环节是，找出悲伤员工与生产效率的关系，找出如何充分提高员工的生产效率并帮助员工恢复其原来的正常生活。

　　"多数企业认为，员工失去亲人是件麻烦事，对他们表示同情已经仁至义尽，他们最好尽快把丧事处理好，"他解释说，"经理可以帮助员工及其家人到企业外部去寻求帮助，使员工重获心理平衡并提高工作效率，比如参加一些互助团体。人力资源部要教育员工，人们并不只是在亲人故去的那一刻开始感到悲伤。"

所以，经理们需要改变对死亡和悲伤的看法，明白悲伤随爱而来，是一种深沉的情感。这为我们阐释人生意义、工作的价值观念和目标，提供了更为坚实的基础。人力资源部要重新审视企业和社区的资源，才能更明智地管理工作中的悲伤情绪，从而使人的生命在这个过程中不断升华。给予员工时间和自由，让时间抚平他们的创伤，使员工从失去挚爱的痛苦中重新振作起来。丧失挚爱固然沉痛，只要经理人富有同情之心，对员工的痛苦表现出应有的关心、灵活性和尊重，就会使员工备感安慰。一旦他们从悲伤中振作起来，把个人生活与工作融为一体，就会对企业有一种归属感。

员工忠诚的价值

在创新制胜的知识经济时代，你是否意识到员工的忠诚奉献已成为企业发展的关键？传统的命令和控制模式对使企业成功已显得苍白无力，因为你的关键资源存在于你的员工的头脑中。唯有切实了解员工的期望和需求，发展新型的员工与企业关系，才能让员工释放出，而不是被挤出他们自己的能量。下面将介绍几个建立新型员工与企业关系的关键因素。

新型的员工与企业关系更像是一种双方互相给予的关系。

国际管理咨询公司帕林公司所进行的一项调查表明，员工关心的问题主要集中在管理效果上。以前，一般员工对企业的发展战略、赢利和竞争市场等全局问题一般都不太了解。现在的企业都在与员工共享业务和财务信息，并且给他们的工作方式更为具体的指导。

所以，有几个影响员工忠诚的关键问题值得我们注意：员工对企业的发展目标了解多少？他们对企业的成功能否有直接的影响？能否明确他们的职责？

总之，员工需要得到管理层的切实支持，而不是空泛的承诺，管理层应给他们提供完成工作所需的信息。他们很希望了解自己在企业中所扮演的角色。如果每个人对此都模棱两可，员工与管理层间的关系就会破碎。

"显然，现在的员工都明白这些，"帕林公司的主要负责人说，"但是这也会带来更消极的结果，即他们是否了解企业内影响他们的事情。"

调查发现，人们总觉得自己在努力工作，但并不总觉得别人和自己一样勤奋。过半数的被调查者感到他们企业内的员工"推卸职责"。随着工作负荷和压力的增大，员工感到需要保持住自己的技能水平和业绩。因此，如果同事工作中三心二意，而他们的上级对此毫不介意，他们就会很愤怒。

执行副总裁柴林哲说："以后，将有越来越多的经理人成为业务领导者，他们的主要作用将是激励员工，然后躬身退开。"员工期望的是能鼓励和指导他们，尤其是同他们经常保持良好沟通的经理人。

不断的沟通有助于支持企业组织目标的实现。"员工是企业的核心和灵魂"，波音公司洛迪恩分公司的员工与交流副总裁傅莎美说。她说，该公司到2016年的远景目标是成为"世界上火箭推进器、空间动力和高能激光系统的最佳供应商"。为实现这一目标，该公司制定了两条确保成功的措施，它们分别是确保公司股票价值的增加与成长和培养积极参与、致力奉献的员工。

洛迪恩公司计划通过以下五个方面赢得员工的忠诚奉献：使员工加强合作；提供有意义的工作任务；施行最高的职业道德标准；通过培训和开发促使员工个人成长和能力的提高；认可个人和团队的贡献。傅莎美解释说，全公司内的每个工作群体都必须对自己的成功负责，制订远景支持计划，并实施季度检查。公司每年制订领导期望计划。1998年，公司培养领导的活动主要围绕着领导艺术、质量文化和持续学习等主题。

在新的员工忠诚奉献规则中，一个有趣的内容是员工与经理人、经理人与团队之间的关系变得更为重要。员工愿意留在团队内，不会接受其他单位的聘用，是因为他们与上级建立了一种牢不可破的关系，他们担心在其他单位无法建立这种关系。

所以，企业越是及时而充分地加强员工与其上级之间的交流，员工对整个企业的归属感就越强。毕竟员工每天都要上班，而且与之接触的是他们所在的团队，而不是别的什么。因此，企业越是加强和调整这种密切关系，员工与其上级间的合作就会更加趋向牢固。

员工都愿意为企业的成功尽心竭力，都渴望成为优秀团队中的一员。成功企业可以通过各种形式显示它们的优秀，如媒体、员工调查、基准借鉴、国家及地方奖励等。

昂恩全球咨询公司下属的诚信研究所所长斯达姆说："我们发现一种很有意思的现象，当员工对公司的发展方向充满信心时，他们会更积极地为公司工作。他们认为公司将成为全球市场上的赢家。"

　　而美国太阳微系统公司的领导对这一点也非常清楚。在电脑和办公设备业方面，太阳微系统公司是世界上最受推崇的厂家之一。但是该公司并没有安于现状，公司领导推出了世纪之交公司新形象的远景规划。

　　"太阳微系统公司的方向业已确定，"公司人力资源副总裁柯乐萝说，"员工对变革表示理解，并愿意接受工作的转变，在整个太阳微系统公司，每个员工都可以发扬创新精神，并为所产生的结果负责。"

　　美好的远景通常会让员工产生强烈的归属意识。今天的员工更希望被委以驾驶火车的重任，而不是坐在火车上到达目的地。因此很多企业管理专家认为，在驾驭企业的发展方向上，让员工参与越多，企业就越能迅速地达到目标，而且企业中的每个人都能共享胜利成果。

　　做到这点的一个关键点在于为变革提供场景和支持。对很多员工来说，企业重构或合并等变革使人感到好像是企业按动了"快进"键，会致使企业的发展失控。除非员工能了解实际发生的一切，否则，他们将消极对待。

　　昂恩公司的专家建议，为了使任何变革努力取得更大的成功，你需要了解手下员工的期望，为员工进言创造机会，支持并奖励员工在改进工作方面发挥创新精神，还要改善沟通，尤其是企业变革状况下的沟通和交流。

医治"公司健忘症"

"员工是我们最重要的资产，即使我们所有的资产被大火毁于一旦，但只要我们的员工还在，我们就可以迅速重建我们的公司。"对自己的企业文化、人力资源和知识管理充满自信的公司领导总是这样说。然而他们始终回避不了这样一个难题：当你的人力资源在同行业或相关行业中享有盛名时，你的公司人才也极可能成为其他公司觊觎的对象。当眼睁睁看着你的手下的优秀员工接二连三被别的公司挖去，你的得力的干将转眼之间成了强大的、必须严加提防的对手时，你对于你的"最重要的资产"的自豪之情可能会荡然无存。

一个公司由硬件、软件和"湿件"（或"人件"）组成。硬件和软件存在着"折旧"的问题，而"人件"却存在着"折新"的问题。当公司被迫招募新人来代替因跳槽、退休等原因而离开公司的员工时，新手显然缺乏老手在公司的业务实践中积累起来的大量隐性的知识（各种在长期的实践中习得的专业技能）。公司必须为新手们（无论他们受到多么良好的正规教育）支付有形和无形的"学费"，这就是说，公司在获得所谓"新鲜血液"时不得不付出隐性的但常常是巨大的劳动力成本。

管理大师爱德华·戴明指出，公司的资产有80%是无法量度的。当这些无法量度的资产流失时，你很难测算出公司受到的损失有多大。隐藏在员工中大量不可言传的知识被称为"组织记忆"（Organizational Memory，简称OM）。一个公司的组织记忆大量流失，必然导致"公司健忘症"（Corporate Amnesia）。在当今员工的工作任期明显缩短，跳槽率激增的情况下，即使是那些致力于积累性成长的公司，也非常容易患上"公司健忘症"。

对于可以量度的20%的资产，公司都有一套严格的管理体系，而其余的80%资产却处在一种游离的状态。当公司的资产以难以移动的土地、厂房、大型机器和生产线为主转变为以无重无形、可以被员工存储在大脑和电脑中随身携带的资产为主时，好的管理就是对这些难以量度的资产进行量度和管理。管理的底线是"心中有数"，但一个对80%的资产熟视无睹的管理者从一开始就降到了底线以下。

好的公司不是不犯错误，只是不犯或很少犯同样的错误。而糟糕的公司就是那种不长记性的公司。在这些公司里，管理者和员工常常遇到的大量难题其实由来已久。

因此，企业必须找到一整套管理方法，使得组织能够从它过去的经验里学到更多的东西。企业要尽可能采取各种方法，留住那些在培养企业的核心竞争力方面有较大贡献的员工；而当企业实在无法留住那些员工时，尽可能留住那些可能被他们随身带走的无形资产。

ERP、CRM等软件，可以在一定程度上把员工自己所了解的但是不愿透露或不可言明的知识记录和存贮下来，使公司免受"健忘"之苦和"健忘"之灾。公司因此而不再只是拥有十个"一年的记忆"，而是拥有一个"十年的记忆"。

不过，技术手段并不能完全防治"公司健忘症"。问题的解决有时只能靠特定的制度和文化来保证。通过信息技术，知识管理团队（由CKO负责）把公司的记忆吸纳到公司技术性的记忆库——公司的数据库；通过制度和文化，知识管理团队把公司所急需的知识存入另一个非技术性的记忆库——现在员工的头脑中。

从制度和文化上扩张、强化企业的记忆库的最重要手段当然是不断创新留住人才的方法。

美国一些大公司尝试利用公司内部便携式头衔，把可能发生向外的跳槽转化为内部跳槽，鼓励员工在内部创新企业，在充分拓展员工的创造空间的同时，抑制了员工"宁为鸡头，不为凤尾"的冲动。

备受被"挖墙脚"之苦、被戏称为"总经理摇篮"的台湾IBM，为了扭转大量"失血"的局面，推出了一系列化离心力为向心力的措施。

针对公司内部人才过度竞争演变为内斗增多、缺乏沟通的局面，公司提出了以沟通回归基本的人才管理战略，要求部门主管至少花50%的时间和下属沟通，并且以实施"小周末"——鼓励员工在星期三穿便服上班等方法，逐渐改变了"蓝色巨人"，过于强调严肃、正规的企业文化，减少了等级森严的官僚体制给员工造成巨大压力。这有效降低了跳槽率，而且让一些带"枪"投靠竞争对手的员工回到IBM。

一个好的管理者必须记住：企业的成功系于企业的智商，而记忆既是智商的重要成分，也是智商的其他因素的基础。良好的记忆，使企业思路清晰，动作敏捷，而良好的记忆依靠经验丰富的员工。

给员工不走的理由

如今，员工的流动日益频繁，特别是优秀的人才，时刻面临着更好的机会或待遇，如何能让他们安下心，为企业创造价值，成为很多经理人的心病。人才的流失，是许多经理人最不愿意看到的事，但对此你能做什么呢？要想让员工不走，作为经理，你能给出什么理由呢？

1. 设立高期望值

斗志激昂的员工喜欢迎接挑战。如果企业能不断提出高标准的目标，他们就不会选择离开。美国新泽西州的一位管理顾问克雷格说："设立高期望值能为那些富有挑战精神的精英提供更多机会。留住人才的关键是，不断提高要求，为他们创造新的成功机会。"美国密歇根州一家医疗设备公司施萨克公司深谙此道。该公司要求各部门利润年增20%，没有一点可商量的余地，"成功者热爱这种环境，"该公司外科部人力资源副总裁布莱克说，"人们都希望留下，希望获胜。"当然，采取这种做法与公司文化也有很大关系，一般来说，在拥有积极向上文化的公司，这种做法容易取得成功。

2. 经常交流

员工讨厌被管理人员蒙在鼓里。没有什么比当天听说公司前途无量，第二天却在报上读到公司可能被吞并或卖掉更能摧毁一个公司的士气。解决办法是，公开你的账簿。泉域公司正是这样的。该公司的员工流失率不到7%。该公司行政总监斯塔克说："我们的每一个员工都有权利随时查看公司的损益表。这能让他们明白他们对公司利润有何影响，例如一位需自行购买工作用品的看门人能看到他的支出如何影响了公司的利润变化。"

要是企业不想那么透明，也有很多其他交流办法。卡耐基顾问公司行政总监莱文每6周就会给世界各地的办事处捎去录像带，要求他们录下员工就公司方针向他提出的问题，以及对公司一些具体决策所要求的解释。

3. 授权、授权、再授权

员工最喜欢这种授权赋能的公司，至少惠普公司是这样认为的。公司负责台式电脑的美国市场经理博格说："对我们来说，授权意味着不必由管理人员来决定每一项决策，而是可以让基层员工做出正确决定，管理人员在当中只担当支持和指导的角色。"

4. 提供经济保障

从很多人对金融市场和公共基金等一窍不通，只得自己为自己安排养老费用。他们从现在起就得找人帮助。

很多企业即使不提供养老金，至少也会在员工的黄金年代给他们一些现金或股票，霍尼韦尔公司允许其员工拿出15%以下的薪金投入一个存款计划，同时还允许员工半价购买等值于自己薪金4%的公司股票。另外，员工能在公开股市上购买霍尼韦尔股票，而且免收佣金。这项政策旨在使所有霍尼韦尔员工都拥有公司的股份。如果员工是当家做主的，就与公司和公司的未来休戚相关了。

这能帮助员工肯定自我，如果公司理财有道，就能培养一批有高度自信心的员工，人们往往在感受到被关心的时候才会感到自信。他们希望这种关心能用金钱或无形的方式表示。只要他们感到你在关心他们，他们就会跟随你，为你苦干。

5. 教育员工

在信息市场，学习绝不是耗费光阴，而是一种现实需求。大部分员工都意识到，要在这个经济社会中生存和发展，就非锐化其技能不可。一家促销代理商爱森公司为其员工开设了一间"午间大学"。其中设有一系列内部研讨会，由外聘专家讲授，涉及的课题有直接营销和调研。此外，如果员工想获得更高学历，而这些学历又与业务相关，员工也能取得好成绩，公司会全额资助。

该公司的行政总监杰弗里说："我们将公司收入的2%投入到各项教育中去。员工对此表示欢迎，因为这是另一种收入形式。知识是放权的另一种形式。"

惠普公司允许员工脱产攻读更高学位，学费全部报销，同时还主办时间管理、公众演讲等多种专业进修课程。博格说："我们通过拓宽员工的基本技能，使他们更有服务价值。有些人具有很高的技术水平，但需要提高公众演讲能力。他们在这里能学到这些。也许有些人来到我们公司时没有大学文凭，但他们可以去读一个，这样就更具竞争实力了。我们愿意资助他们的教育。"

第八章

带人就是带团队：建设完美团队的方法

团队需要八种角色

没有一个思维正常的人会把11个足球运动员放到一个板球队里，或者试图用11个拳击手组建一个足球队，道理显而易见。但一些企业仍固执地认为一个由优秀的人组成的团队一定能战无不胜。事实并非如此。一个团队必须拥有完成任务所需要的所有不同技能和技巧，或许还需有一系列不同的性格或者具有不同特殊喜好的人。

英国学者贝宾列出了一个流传很广的清单，其中列举了一个优秀团队所必须具有的八种人才：

总裁：与其说他们是专家型或者是具有创造性的人，不如说是纪律严明、轻重分明和能力均衡的人。其职责是挑选人才，凝聚和协调员工之间的关系。

造型师：特征是项目领导，性格外向，能有力地推动任务的进展。他的力量来源于个人动机和对任务的激情。

生产者：是原创思想和建议的源头，团队中最富于创造性和最聪明的成员，但可能不注重细节问题。他们需要激励和引导，其才能才会发挥到极致。

监测评估者：进行检查工作并指出论证中缺陷之处的人。他们擅长分析甚于创造。

资源调查者：让团队与周围世界保持联系的联络人。他们性格趋于外向，有魅力。

公司工作人员：把思想具体转化为行动时间表的实践组织者和管理者。

团队工作人员：受人喜欢和欢迎，他通过鼓励、理解和支持来让每个人保持前进。

猎手：如果没有他的话，团队可能永远都不会按时完成任务。他对任务的严格跟踪是很重要的，但不总受人欢迎。

换句话说，选择技术型人才是重要的，但要保证他们中间有人能担任其他重要的职责。团队是由个体聚集在一起组成的一个集合，在执行任务或者解决问题时需要用到他们的才能。团队赢了，则团队中的每个人都赢。如果团队输了，则每个人都输。

每个成员必须首先对团队整体保持忠诚。把这些个体都看成是各方面的代表的话，他们的忠诚就会分散，他们的承诺就会混淆，他们的职责就会不确定。团队会议会倾向于非正式的聚会，而不是严密安排的会议。他们有领导，但没有老板，成员间直呼其名，而不是称呼其职务。

团队就像人一样，也有初生、成长和成熟三个阶段。你可以看着他们形成，创造出自己的形象标志，找到每个成员的定位和他们所能担当的职责。

对很多团队来说，青春期之后，是动荡的时期，团队成员开始对最初的组织形式提出挑战。

动荡之后是规范期，这个时期团队开始在新的团队结构中稳定下来，总裁、造型师和其他人员开始发挥作用。最后，团队走向真正的成熟，并开始能真正担当重任。

这些成长阶段——形成、动荡、规范——是任何一个团队生命不可缺少的。忽略它们常常导致团队过早地夭折，团队成长的整个过程不得不重新从头开始。

没有一个像在临时家庭一样一起成长的机会，团队就不会形成一个互相信任的氛围。在这种氛围中，大家各司其职，而且任何人都会尽忠职守。

所以，工作的绝佳环境就是处于一个好的团队中——它让人兴奋、富于刺激、充满支持和成功。

从主管向教练转变

"我们马上就可以完成这部分工作，"李说，"我认为我们的工作分配得很好。"

"等一等，你们已经把工作分配好了？"

"是啊，你不是要求这么做的吗？"李皱起了眉头。

"我是让你们试着做做而已，当然不会让团队在我一无所知的情况下自作主张，作出这样的决定。你们为什么不把任务安排表交过来，让我看看是不是有需要改动的地方？"

公司组建团队，其目的是充分发挥员工自我管理、自主决策的能力。要是你始终以传统主管的方式来进行管理的话，这个目的就无法实现。从短期看，你与团队之间将会发生冲突。从长远看，如果你不能改变自己的管理方式，整个团队的主动性就会丧失，你们最终还是回到了起点。公司是不愿意看到这种情况的。

你的角色必须要有一个从主管到教练的根本转变。教练做什么呢？他要确保团队培养起必要的技能，获得向上的动力，得到必需的设备，并且能够有效地准备比赛。在实际的比赛中，教练并不上场。而作为教练，他要做到：

1.他要确保为作出有效的决定，团队采取了所有必要的步骤。在团队变得更加成熟之后，他就会越来越少地插手这类事情。

2. 他运用提问，而不是陈述，来帮助团队成员分析思考问题。假使李说，不，我对自己的任务感到不满。经理就会问，团队是怎样作出决策的，又在多大程度上容许成员表达并维护自己的偏好的。之后，经理会根据回答提出另一些问题，帮助李和他的团队对形势进行更有效的思考，明白下次再有这种情况发生的时候该如何处理。

3. 他决不会对团队或是其中的任何成员指手画脚，除非确知自己拥有团队尚不具备的知识、信息或专长。这时，他会设法帮助团队或其成员培养自己的能力，以后这位经理就不必再亲自作类似的决策了。

4. 看着团队日益成长，更多地实现自我管理，他会非常高兴。

团队应该在多大程度上实现自我管理呢？这取决于对下面三个问题的答案。它想有多大程度的自治？你想让它有多大程度的自治？公司想让它有多大程度的自治？这些问题并没有简单而直接的答案。一群被称为团队的人，并不一定就组成了一个团队。他们可以仍旧需要别人来告诉自己该做些什么。你可能仍旧想告诉他们该做些什么。星期一早上公司开始把这些人称为自治的团队了，但其实事情并没有发生什么变化。

应该这样入手：下定决心，让团队在最大限度上实现自治。不要管这些人有没有"自治"的名义。重要的在于行动！帮助成员学习共事、互助的技巧，帮助他们接受不同的见解，并学会找到解决分歧的办法；帮助他们学会完成工作所需的技能，对自己的工作；流程进行管理，或许还可以帮助他们掌握互相进行行业绩评估的手段。

团队的成员们可能会喜欢这样的工作方式。你也可能会喜欢这样的工作方式。如果你采用了正确的方式，就能提高团队的工作效率，这意味着公司也可能会非常欣赏这样的工作方式。

团队成功和个人成功是有区别的

要使团队比传统的工作小组运作得更有效，就要让每个成员全身心地投入团队及工作当中。团队成员必须对任务抱有信念，并且能一起努力去完成。他们还必须专注于整个团队及其成功，而不仅仅是某段时间里自己负责的一小部分工作。如果成员们对任务及团队整体并不专注，他们就不可能组成一个真正的团队。这仍旧只是一个工作上多少有些联系的个人的集合而已。

那如何解决这类问题呢？

1.确保团队中的每个人都知道整体的任务是什么

在传统的工作群体里，每个员工只被要求做好某一范围内的工作。他们可能根本不知道自己的工作在完成整体的任务中有什么作用。团队不能这样运作。每个团队成员都应知道整体的任务。假使你的团队负责为公司编写简报。这些简报，有的是定期发行的，有的则是为满足特定的管理需求而不定期发行的。你的手下有编辑、作者和制图，还有专职发行人员。你可以这样描述基本的任务："在预算范围内，遵守承诺，把高质量的简报送到客户手中。"即便是在传统的工作群体中，关注整体的任务也会带来巨大的利益。而对于一个团队，这是最基本的原则。

2.确保每个人都致力于完成整体的任务，而不仅仅是自己手头的工作

一旦大家都明确了整体的任务，就应该全神贯注地投入进去。在实际工作中，这意味着有时员工们为整个团队的利益，要对自己的工作作出牺牲。比如，当团队不能及时完成

生产时，一个正在写生产报告的员工就得暂时放下手头的工作。强调完成整体的任务，能够加强团队的合作精神，增强其协作力。

3. 鼓励所有的员工一起工作，并把自己视为团队的一员

员工们常常会觉得做出这样的转变有一定困难。在传统的组织中工作过的人习惯于将个人的工作视做奖惩的依据，把互相帮助看得比完成个人的工作更为重要。让员工出人意料地完成这样的转变，需要一段时间。当员工们表现出团队的合作精神时，一定要对他们付出的努力加以表扬，并让群体中的其他成员把他们当做学习的榜样。

可以说如果你想拥有一个高效的团队，就绝不能让团队的成员只关注自己个人的工作。应该帮助他们坚持把主要精力放在团队的整体任务上。

要使团队能全身心地投入到自己的任务中去，这些任务要具备下面三个特点。

1. 任务必须明确。所有的成员都必须理解团队的任务，并且，他们的理解基本上是一致的。例如，"使顾客满意"相对来说比较明确；而"生产高质量的产品"就并不那么清楚了。

2. 任务必须值得去做。要使团队成员能够全身心地投入

到一项工作中去，就必须"有高质量的简报"相对来说值得去做；而"在上级规定的期限内完成工作"则有些勉强了。

3. 任务必须有挑战性。要让团队有成就感。任务要有一定的难度，从而激发他们的斗志。一个高效的团队，必定是一个敬业的团队，完成任务，为企业创造价值，是他们的天职。

不要孤立地对待每一个团队成员

许多员工习惯于以自己个人的努力程度作为上级管理和评估的依据。即便他们被告知自己是团队的一员，也还是放不下对自己工作表现的关心。这时，经理的主要工作就是帮助这些员工把注意力从个人的工作表现转移到团队的工作表现上来。如果经理不做这个工作，依旧让员工们把注意力放在自己的个人表现上，就难以在他们中间建立起一个高效的团队。

优先考虑团队的业绩，而不是个人的成绩。当然，个人的成绩也不能忽视。但是团队的表现更为重要，因为如果团队没能取得成功，个人表现再好也于事无补。因此，要关注团队的整体表现，关注每个成员为团队的整体表现作出哪些贡献。这就需要在团队整体中体现这个原则。

1. 让团队来纠正个人的工作表现

在过去，经理总是把纠正员工的工作表现作为自己的任务之一。团队如果能够真正建立起来的话，这种情况就会改变。高效的团队在纠正、提高成员工作表现方面的作用，要比大多数经理强得多。因为一位差劲的员工可能会时刻受到团队中其他的压力，而不像以前被经理骂一顿就完事。

2. 不要奖励无助于团队成功的个人表现

团队里会有杰出人物，但他们不同于传统工作群体中常见的杰出人物。团队中的杰出人物是那些帮助团队实现整体目标的个人。只要有足够的时间，几乎每个团队成员都能成为杰出人物——他们在特定的时间点上都为团队的工作作出了特别重要的贡献。所以，如果有人作出了什么贡献的话，不要把他单列出来。如果团队相信某人作出非常突出的贡献，成员们就会承认这个现实，由他们去处理这些事情吧。

3. 如果你采用个人表现评估的方法，就应该把团队的表现作为评估个人表现的主要因素

个人表现评估其实并不能与高效的团队表现相提并论，但大部分团队都要对个人进行评估，至少在开始的时候是这样。但是要保证，至少把个人作为团队成员的表现——合作

的意愿，以及将团队的目标置于自己的目标之上的精神——作为最重要的因素来考虑。

员工作为一个个人的高效工作表现，与作为一个高效团队的一个员工的工作表现，两者之间有时候会产生矛盾。团队刚开始培养凝聚力时，经常会遇到这样的问题。

然而，当团队开始从一个工作小组向一个真正的团队转变时，太多的"集体思想"并没有产生真正阻碍，相反团队要懂得怎样才能做到名副其实，怎样才能让每个成员扮演的角色都有意义，同时又使每个人都全身心地为实现团队的目标而努力。

在这一过程中，你应该扮演一个关键角色。高效的团队需要成员之间的密切联系与合作精神，你对此的理解越深刻，就越能把这一理解更好地传达给团队的成员。尤其是在团队形成的初期，十分重要。

应该有团队规则

"我觉得这条规范不难做到，"希尔说，"我们会准时开会，会议开始时，每个人都会到场。这样，我们就不用浪费时间，为迟到的人再复述一遍会议的内容。"

"这听起来不错。"麦克蒂格补充道。

莱尔摇了摇头："等一等，我一周得拜访三到四个客户，而且不知道每次得花多长时间。准时开会是个好主意，不过是否考虑为我留点余地。"

"这样做行吗？"麦克蒂格问道，"如果早上第一件事就是大家碰个头，你等到碰头之后再安排对顾客的访问，怎么样？"

"这是个不错的主意，不过这意味着我们得就会议的长度达成一致……"

为什么要为行政规范操这么多心呢？因为，如果有团队成员预期自己会遇到其他人不会遇到的事情，即便这都是些琐碎的小事，他们也会成为众矢之的的。

团队要想高效运作，就必须树立人际规范。而且，每个成员都必须遵守这些规范，并且愿意加以运用。人际规范是怎样起作用的呢？假设团队达成了一致，认为其成员不可以给别人的观点戴帽子，而只应该讨论观点的内容本身。下面的对话反映了可能发生的情形。

"你知道，我们只要同意星期三和星期五下午不接电话就行了。这样顾客们会知道我们在做什么，而至少在这两天，我们可以不必为接电话而中断会议。"

"这真是个草率的念头，麦克蒂格！我从来没有听到过对顾客这样不敬的想法……"

"打住，"瓦埃插了进来，"听起来凯尔像是在给麦克蒂格的观点戴帽子呢。麦克蒂格，你觉得是这样吗？"

"当然了。我真的觉得给贬低了。"

"好吧，算给你抓到了！"凯尔做了个鬼脸，"我确实在给她的观点戴帽子。那就一种说法吧。麦克蒂格，你真的认为，这样做在顾客当中造成的影响，会是我们想要的吗？"

"谢谢，这好多了。"麦克蒂格说，"现在，我来告诉你怎么会产生这样的想法的……"

除非保证每个人都能贯彻遵循，否则团队就不应该徒劳地树立什么规范。正如上面的例子说明的那样，在认为别人违背了规范时，每个人都应该能够作出提醒，而不受什么拘束，并且有权让对方当场进行处理。

团队刚开始运用规范时，成员们在提醒别人犯规时会显得迟疑不决。你可能得进行一些干预，直到每个人都能自如地坚持规范。不过，要尽可能快地从其中脱身出来，让团队成员承担起贯彻规范的职责。这也是团队成员的义务之一。

当然如果你手下的一个团队是由许多有团队工作经验的

员工组成的，他们会不自觉地给团队带来有效的规范。但这迟早都会表现出其局限性，除非能对这些规范加以明确，并让每个人都来遵守。

让团队来做"好人"

总是让团队来做"好人"，这应当成为你的一条原则。

一个团队，要么有权作出决策，要么就没有。如果它没有决策权，那就由你来作出决策，别人照章办事。如果它有决策权，而你随后又否决了它的决策，情况就会变得很糟糕。团队对此会十分失望，以后遇到什么棘手的问题，就会消极等待。客户会认为，让团队重新决策的方法就是直接来找你。这样的事情只要发生过这么两三次，你就又会退回到原地，大部分的问题只好由自己来作出决策，而团队也名存实亡了。

举个例子，你和团队一起工作，而且信任他们的决策，支持他们的工作。团队为财务部准备了一份策划书，而财务部对此又不满意，部门经理伯特·弗伦奇打了个电话给你，轻松聊了几句之后，下面的事情就发生了：

"我打电话过来是为了昨天你的手下给我们的那份策划书。它达不到我们的要求，我希望你能做点什么。"

"我对你的想法表示理解，伯特，我们也希望能积极地对你们作出回应。你是想在我们这个层面上处理这个问题呢，还是让你我的手下一起来想办法解决？"

"要不是想拉上你，我就不会打电话过来了。"伯特听上去有点恼火了。

"没问题。后天你如果有空的话，我希望你能抽出时间来和我，还有海迪·斯科尔思见一面。海迪是你们这方面项目的负责人。等我们碰一次头，让她把工作向你说明之后，我们就可以对你希望改动的地方进行讨论了。"

"嘿，我以为我们俩就能处理这事了呢。"伯特有点儿纳闷了。

"过去可能是这样，可现在不同了。我和手下在一起工作时效率真的很高，在同他们进行讨论之前，我从来不会想到去否决他们的意见。等到你同海迪讨论之后，就会明白我的意思了……"

依照客户的要求该如何同项目经理海迪讨论这个问题呢？请看下面的对话："海迪，几天前你跟我讲过，财务部对我们会不太满意，看来你没说错。伯特·弗伦奇昨天下午打电话给我，要我去和他谈谈。"

海迪试探着问："你会去吗？"

"是的。嗯，实际上，我们俩都要去和他谈。我想今天找个时间听听你的看法。对于你觉得会让他不满的那些东西，以及团队作出这样的决定的理由，你得给我一个解释。这样，明天我们同他讨论的时候，我就能向你提供恰如其分的支持了。"

"这很好——不过，这是不是说，你不会作出任何改动呢？"

"我不会的——但是团队应做些调整。我们都要仔细听取，认真对待伯特的反对意见。我希望你能听取别人的意见，在知道我不会否决你们的情况下应该如此。如果有你我需要重新思考的问题，我们应该记录下来，并告诉他什么时候可以得到答复。这样团队就能对这些问题进行考虑了。我可能仍旧会否决一个具体的事项，但在听取你和团队的意见之前我是不会这么做的——这样财务部也不会知道是我作出决策。"

你绝不应该给客户留下哪怕是丝毫这样的印象，即他们可以绕过团队直接来找你。

出头做"好人"是很有诱惑力的。在上级或客户对团队作出的决定不尽满意时，自己插手并"纠正"问题的感觉确实会很不错。就是这么回事：自我感觉良好，上级和客户的感觉可能也不错。但团队肯定会感到很沮丧——这可不见得是个好现象。

总是让团队来做"好人"——这是一条原则。千万不要直接否决他们的决定。一直让团队同客户打道，而且，如果有可能的话，也要让团队与上级打交道。如果不得不插手，那就公开支持自己的团队。如果要作出什么改动，那就同团队私下里解决，并把功劳让给团队。如果客户觉得他们从来都不会在你这儿捞到比在团队那儿更多的好处，他们就再也不会在与团队对话之前就来找你了。到时候，甚至连你的上级也可能会学会直接同团队打交道。这使得你的工作更加轻松，而团队则更有效率——真正的一举两得。

积极暴露冲突是为了解决冲突

团队成员必须能够在一起高效工作。但高效工作就意味着要承认团队里存在冲突，并且能够正视这些冲突，设法解决它们。但是，除非团队成员能自由地表达自己的观点，并对其进行辩护——即使这会造成白热化的争论，上面这些才不会是纸上谈兵。试图阻止冲突的产生绝对是错误的策略。如果团队产生这样的想法，认为应该低调处理冲突，甚至对其视而不见，它就会掉进"群体思维"的窠臼，其工作效率将比传统的工作小组还要低许多。

大多数传统的工作小组中的大多数员工都形成这样的思维，即不要互相发生冲突。那些挑起争端的人往往被认为"惹是生非"。但是，当这些员工成为一个紧凑的团队的一部分，尤其是当你希望这个团队能实现自我管理时，情形就完全相反。应该让员工们认识到，冲突是团队工作的一部分，而他们的目标是找出冲突的根源并加以解决。

冲突本身并不是什么坏事。冲突只有在转化为个人恩怨时才有害，但它完全有可能超脱于个人恩怨之外。富有成效的冲突是观念上的冲突，而与谁提出这些观念无关。经理应该让团队成员清楚，冲突本身绝不是什么问题。不过，团队确实需要学会并运用最有效地表现和解决冲突的方法。

团队应该接受关于解决冲突的基本培训。如何认识并解决冲突是有明确的原则的，其中的一条就是"将人品问题放在分歧之外"。不过，团队没有必要自己来摸索这些原则，因为几乎在每个城市都能找到解决冲突的能力训练课程。团队应该经常有得到这种培训的机会，而不用自己来应付这方面的工作。只要有可能，团队就要以团队的形式参加培训，即让所有成员同时参加。这使团队成员有机会一起在培训中实践以后工作中需要做的事情。

团队如果能够实现自我管理、紧密合作，其回报将会是丰厚的，但是要学会自我管理、紧密合作却并不容易。你若明确支持团队及其学习进程，就会使学习的难度降低，不仅对团队是如此，对你自己也一样。

作为经理，你必须防止团队走向两个极端：一个极端是竭力回避冲突，大家"一团和气"；另一个极端是冲突不断，弄得团队员工无心工作。团队越接近其中的一个极端，其工作效率就越低。

如何防止团队走向这两个极端呢？首先，你自己得学会容忍冲突。这听起来似乎很容易，但你在这方面却不一定受到多少训练，或拥有多少经验。如果你曾经在传统的公司里工作过，你学到的处理冲突的方法就是防止它的发生。如果你和上级之间产生严重的分歧，那会有什么事情发生呢？他或她是否会让你公开地表达自己的不同意见，而后考虑其中的合理因素呢？或许你有一两个最好的经理是这么做的，但这样的人肯定只占少数。相反，一般来说，如果有不同意

见，你要么默不作声，要么绕着圈子表达。很有可能，你的
员工也在对你做着同样的事情。

遇到冲突的时候，你要学会一套新的处理方法。你是想
把冲突压制下去，还是对其抱欢迎的态度，以使团队得到最
佳的表现？答案很重要——可以说是极其重要。

改变团队的行为方式

为什么聪明的员工一旦加入团队后，其行为却经常不能
体现企业的最高利益？为什么以团队为基础的决策过程有时
会变成效率低下、导致错误决策的"集体思想"？如果这种
不幸发生在你的团队中，作为团队领导，你要怎样才能扭转
这种不利局面？

犹如家庭和其他自古就有的各种群体一样，团队成员
之间就是要不断进行互动和交流，这对他们创造业绩的能力
的发挥有着极大的影响。其中有些互动交流会提高团队的效
率，有些则成为团队发展的阻碍。顽固的低效率行为大多是
因为人们的基本思维方式在作祟。

有三种类型的因素会对团队的业绩产生影响。这些因素

连同它们互动的方式共同形成团队的架构。

面对面的架构是那些在办公室中运作，可以用心的感官直接感受到并且显而易见的因素。其中包括该团队必须完成的任务、团队的组织方式及完成工作所必需的互动交流。

社会架构是影响团队的更为广泛的企业组织、商业和环境因素。它包括激励系统、权力结构、文化因素、顾客需求及竞争压力。

个体架构是指每个人带到办公室的观念、情感及更为深层的信仰。

团队结构的这些因素密切联系，而且，如果团队结构的每种因素一旦完全被看做团队系统的一部分时，它就成为可以迅速提高团队效率的杠杆。

当我们剖析复杂的互动交流时，通过细致观察就会发现，团队成员表现出如下四种行为方式：发起者发起一连串行动；追随者支持发起者；反对者反对发起者；旁观者在一旁观察并发表推动发展的评论。

通过对团队中这四种行为方式的研究，有助于认清和转变团队行为。

在一个高效团队中，每种行为方式的作用都很重要。高效团队使这四种行为方式皆各得其所，即能够使这四种行为方式成功地发挥各自的作用：发起者提供方向；追随者实施完成；反对者进行纠正；旁观者提出全面看法。

缺乏效率的团队不具备使这四种行为均衡发挥作用的能力。在低效团队中，不能发挥作用的行为方式可能不止一种，也就是说，该团队系统阻碍这些行为公开发挥作用。

上述四种行为不断重复出现的模式，我们称之为基本行为模式。下面是三种较常见的基本行为模式。

1. 对抗型

在这种类型的团队中，有人发起提议，接着有人加以反对。团队协作变成双方对抗，各持己见，互不相让，跟随者和旁观者不存在，或者难以提供新的建议或者不能消除分歧。团队因而达不成解决方案，出现问题。

如果你领导的是对抗型团队，你可以扮演旁观者的角色，对双方的观点不予置评，只是向大家提醒团队所处的状态及其影响。你可以进一步帮助团队将这种对抗变成一个学习的机会："让我们看看从对立的意见中可以学到些什么，然后再看一看有没有达成妥协的可能。"或者你可以鼓动沉默的旁观者："我相信大家都参与能使我们的讨论取得进展。我很想听听更多人的意见，你们觉得呢？"

建立具体的基本规则可以缓和对抗行为，不过，如果提不出改进或更好的建议，最好不要反对别人的意见。

2. 礼貌服从

在这种模式中，某人提出建议，其他人出于责任才去服从。讨论所表现出来的特点是平和、理智，没有丝毫的火药味。团队成员可能会礼貌地支持讨论的结果，是不是真正认同就难说了。他们不但对决策的质量，而且对大家能否积极支持决策和完全实施的能力心存疑虑。

如果你是礼貌服从式团队的正式领导者，就应本着弄清问题的态度来开始对话，而不是一开始就下结论，或限定一个狭窄的讨论框架。要反映出团队目前的状况及其对团队绩效的潜在影响，并询问团队对此的看法："不要囿于给定的观念，我们应该更广泛地讨论问题。你们看呢？"

3. 隐形反对

它与礼貌服从模式表现上相似，实际上却隐藏着真正的反对。在这一模式中，有人提议后，表面上大家都同意。然而，在公开的服从之下，大家实际上对提议持怀疑态度。因此，团队成员之间并没有真正的共识，如果有好的结果也只是运气好。

当你注意到隐形反对现象时，从旁观察并帮助团队认清这种隐形反对的结构及其对团队绩效的影响。"会上每个人都赞同采取下列步骤，但会后却毫无进展。你们对此是否也有同感？你们说这是怎么回事？"

制定鼓励反对者畅所欲言的基本规则。当团队遇到阻碍时，提醒团队成员遵守基本原则："请不要忘了我们的约定，对每个重大决定，我们都要探索出不止一种的完全不同的解决方法。谁能再提出一个？"

对以上的基本行为模式及所建议的相应管理方法，我们只是个简单的介绍而已，没有提供详细的指导。一个具体的团队情景可能类似于上述某个基本模式，却永远不会相同。一旦你掌握了上述四种行为的特点，并懂得团队行为如何反映团队结构的其他方面，你就能找出你的团队所特有的模式。此外，你可以学会观察人们的基本思维方式和企业组织中的各种因素是如何强化这些行为的。

要允许、鼓励提出不同意见，帮助团队将提出反对意见作为一种学习的机会，使反对意见成为团队创造力的一个来源。最后，如果你真要发动一场持续的变革，那么至少要在团队结构的三个层面上做出相应的调整。比如，减少无效的对抗行为，集思广益创造双赢的解决方案，对团队成员工作计划中的目标进行调整，激励团队成员朝着一致的方向努力，并对他们进行相应的奖励。

用授权团队来取代传统团队

发挥团队的效用需要能够同时处理组织和经营管理上的模糊问题。

珊瑚营医院通过组建授权团队大大提高了医院的效率。奈思鞋业是英国最老的制鞋企业之一，组建授权团队后，它的退货率从每百万双退5 000双降到250双。这些例子充分证明了组建授权团队所能给公司带来的巨大成效。

有两种授权团队：长期团队，即围绕某种产品或服务建立的组织；临时跨职能团队，即负责解决难题，协调及制定有关较大的组织问题的决策。

自然团队是长期团队中最常见的一种类型，由为同一产品或服务工作的员工组成。比如，8位员工组装同一种产品，而且由同一位主管领导，就形成一个自然团队。授权的自然团队大体上自主负责。他们自己决定产品的质量和产量，理想的团队应能自主负责整个运作或决定整个生产过程的一个环节。比如，汽车生产线仪表板的安装。

临时跨职能团队，是为某些专门项目而建立的。如产品改型，或改进某个重大组织过程。许多跨职能团队高度自治，离开了正式的团队领导也能正常运转，他们自己定计划，对自己的工作负责任。

世界级的大企业大都把自然团队或重组团队与跨职能团队结合起来。把这些不同类型的团队结合起来，既能最大限度地产生授权感，又能增进绩效。

珊瑚营医院是个非营利公益单位，拥有1 300名员工。1992年成立以授权团队为基础的经营单位，目标是：重新设计医院工作，做到用80%的资源满足病人的需求，80%的病人在本病区解决（原先是50%）。这一举措可降低成本、减少无效周折，但最重要的是使医护人员把时间花在病人身上，而不是案头工作上。

10%的员工编进了团队，每个团队15人。这个系统一旦投入运行，各团队之间将进行交叉训练，这样初级医护人员就能学会为病人提供服务。

团队方式将改变珊瑚营医院病人服务系统的许多方面，特别是现在为病人提供服务时职能高度划分的情况。把坐轮椅的病人从一个病区推到另外的病区治疗的现象大大减少，因为由来自各部门员工组成的跨部门诊疗团队把多种服务承担起来，在病区就地解决。

珊瑚营医院计划，让高薪员工兼做较多的常规工作从而降低总的护理成本。与大多数组织一样，部门间的推诿和死板的职能划分对医院的经营成本有重大的影响。

病人也从中受益。医护人员相互分担了很多责任，病人就能在自己方便的时候接受治疗服务，而不必要等专门工作人员抽出身来。而且，病人见到的面孔少了，整个护理系统就能给人更亲切的感觉。

另一个很好的例子是有关耐克鞋业，这是英国的一家具有150年历史的鞋业生产和零售企业。它的单位员工产量提高了19%，准时交货率从80%提高到了97%，而这一切都归功于它的重组跨职能改良团队。从1990年起这个公司开始组建团队，生产部门的1 100位员工中被编成140余个团队，每个团队有5~8人。

20世纪80年代，由于亚洲竞争者的出现，英国的制鞋业面临灭顶之灾。面对危机，耐克鞋业尽一切可能减少浪费。但是生产率的提高却引起了劳资关系日益紧张。

为解决这些问题，高层经理说服制鞋工人自愿组成团队。此前，鞋子的制造、包装和发运需要经过150个部门。通过采用丰田的生产模式，耐克鞋业把整个过程削减成了很少几个模块化程序。

整个工厂的运作只有两个管理层次：一位工厂经理和几个团队领导。过去的主管有的成了团队领导，有的承担了技术、营销或是零售任务。减少层次的过程开始很慢，随着越来越多的员工加入团队，这个过程就越来越快。在此过程中，在某些环节，变化带来的痛苦比公司担心的要缓和一些。

公司的高层管理人员感到，把权力交给员工的结果是公司获得了员工的忠诚："人们对工作有了新的热情，也愿意参与进来。"

团队的未来会怎样？首先，团队将迅速普及。2002年对美国412家公司所做调查发现，75.3%的公司计划更多利用团队。显然服务行业在工作队伍改革方面落后于制造业，但也将扩大团队的使用。其次，将发展一系列支持系统支持团队的协作。我们希望团队训练能从原来40～60小时增加到160～200小时。按员工具备的技能付酬的方式也会迅速推广。

长期团队将被实质团队所取代。实质团队是临时性的工作模块，由跨职能团队的成员组成，共同解决某个特别项目。

"老板"的角色将不复存在。明天的领导者必须成为改进流程、通过企业的前景和价值来实施领导、建立互相信任的企业文化、发展强有力的伙伴关系的大师。显而易见，把团队作为治理企业的一系列济世良方中的最新方法，但发挥团队的效用绝非一日之功。它远不是万灵药方，需要付出勇气、耐力，同时还要能够处理组织和经营管理上的模糊不清的问题。

对于那些锲而不舍的人，它将回报丰厚。不仅经营效果是这样，而且建立了公司文化，显示了人的价值。团队创造了一种自己是工作及企业主人的感觉。

第九章

避免带人失误的方法

没有培养新人的自我管理技能

"这些日子，我雇用的年轻人全令我不放心。莫西，你也有相同的问题吗？"林娜问。

莫西是和林娜平级的一位经理，她深有同感："我必须时时过问他们的工作。我把项目交给他们中的一个，外出一天回来时，他们却什么都没做。类似的事发生过多少次了，你简直不会相信。"

"我们该怎么处理这种事情呢？我想，他们给我完成的工作量，最多只有8～10年前的小组给我完成的工作量的80%左右。"

"我也希望知道该怎么处理。我威胁他们，可一点用处也没有。而且，每当我发现一个能干的人，他就跳到别的地方去了。"

例子中的两位经理并不清楚自己的问题。他们的员工可能是缺乏工作动力和责任心，也可能缺乏他们希望获得的良好培训。但这些都不是问题的关键所在。他们的员工缺乏的是自我管理技能。他们不知道如何安排自己的时间和工作。如果没人教会他们自我管理的技能，其他任何手段都是无效的。

研究表明，现在很多加入工作队伍的人都不愿意被人监管，但他们却缺乏在没有监管的条件下工作的自我管理技能。同时，很多组织都在对自身进行重组，对各个层次的员工的自主性提出了更多的要求。这促成了一种尴尬的困境，对一、二线上的经理而言尤其如此。

如何才能培养新人的自我管理技能？

1. 要求员工学会管理自己，并且要向他们明确这一点。你可能会同每个员工进行如下谈话：

"我要求这儿的每个人都能管理自己。"这是什么意思呢？我要求你能对每一天作出计划，并且在工作中执行这一计划。当交给你一项任务时，我要求你能动手来做，或者向我、向另一位员工找到解决问题的方法。我要求你能处理好自己的工作，而不需要我常常监督——这也是我希望你要求自己做到的。

"我们发现，很多来这儿为我们工作的人都缺少自我管理的经验。我们会送你去参加培训，帮助你把培训中学到的知识用在这儿的工作上。如果你能花上些时间和精力，掌握这方面的技巧并不是一件很困难的事，另外还要记住，你掌握得越好，就会拥有越多的独立性，而你的工作也将越有乐趣。"

2. 让每个新进员工都参加自我管理的培训。这种培训，尽管不一定被称作"自我管理"培训，但已在很多地方较为普遍地开展起来。寻找这样的培训机会：它教会员工如何合理安排自己的工作和时间，如何制定务实的计划并予以遵守，如何设定目标并激励自己去达到它们。

如果你目前有一批缺乏自我管理技能的员工，可能就会组团把他们送去培训。他们能够互相帮助，学会运用这些技能，也能够在培训变得艰难时（这经常会发生）风雨同舟。你甚至还可以为这些需要培训的员工找一两位其他部门的经理来上课。但不管你会怎么做，现在就来完成这项工作。

3. 把需要马上运用自我管理技能的任务交给员工去做。即便经过最好的培训，如果没有及时实践的机会，学生们会很快把所学的内容忘得一干二净。做好培训后的安排，这样当他们回来工作时，就能运用学会的技能了。员工们培训结束后，你可能就已经为每个人准备好了一项任务——做这项任务时，员工们会自觉地将所学知识在实践中进行验证。比如你可能会要求一位员工为某个项目制定一个计划，并与你进行讨论。如果你有其他善于自我管理的员工，他们可能会给你一些帮助。

你要做的是，让员工运用学到的东西，并且坚持不懈。

4. 留意并认可自我管理中的每一个进步，而不管这一进步多么微小。没有什么比这更重要了。是不是有人以前对从何入手做项目一无所知，而现在却学会了怎样起步。留意这一点并对这位员工的成就表示认可。

接着，每进一步都要予以认可。在员工越来越擅长进行自我管理之后，你对他们的认可可以逐步减少——但必须保证他们能够继续运用这些技能，并在他们成功运用时予以认可。同样，你应该时时提醒每个员工，他们从开始到现在这个阶段，已经取得了多大的进步。

5. 当越来越多的员工擅长进行自我管理之后，让他们来帮助训练新进员工。这样做，你能够得到双重的回报。那些员工不仅自己更加擅长自我管理，还能够帮助你对其他人进行自我管理的训练。因为自己曾经有过这样的经历，他们将会懂得如何来帮助那些新进的员工。

此时有两点要特别注意：

第一，很多员工不对自己进行管理的原因在于他们不知道如何管理。缺乏自我管理首先是一个能力问题。如果员工们缺乏能力，当他们未能实施自我管理时，对他们大叫大嚷或放任不管都无济于事。

第二，如果没人要求他们这么做的话，他们没有理由进行自我管理，所以他们不必学会如何去做。简而言之，员工未能管理自己的现象也是一个激励问题。

如果你希望员工们学会自我管理，就必须帮助他们培养这种能力，同时要给予他们激励。

要注重让员工从错误中学习

"艾玛，我还以为你很清楚应该怎么做，不会在征得我们同意之前让部门承诺下一个最后期限的。"

"我想我们应该积极地对顾客作出反应，何况我们没有任何理由不这么做……"

"你怎么想我不管。你知道，我不希望看到你们未经我的允许就做出什么承诺。明白了吗？"

从这次冲突中，艾玛学会了什么呢？先来征求你的意见，没错。但她也学会了不要独立思考。她并没有了解为什么征求你的意见很重要，为什么自己的行为可能会给工作群体造成损害。同时，你也没能了解在许诺期限时，她是出于什么考虑。简而言之，没有人从中学到多少东西，而艾玛学到的，大部分具有误导性。

有的员工对规章制度漫不经心，常常我行我素。对这些员工，有时确实需要严加管束，甚至可以把他们调到更能发挥独立性的工作岗位上去。但大多数员工并非如此，他们愿意照章办事，也希望有独立进行判断的机会。

怎样才能确保员工们既能按你的吩咐办事，又不变成唯唯诺诺之辈呢？上面的对话就是一个很好的例子。以下是实践的步骤。

步骤1：要让这位员工明白自己做错了，不要对自己说这只是偶然事件，以后不会再发生。越早处理，问题解决起来也就越容易。上面这位经理就是这样做的：问题在于他只做到这一步，而没有继续下两个步骤。

步骤2：了解这位员工为什么会犯这样的错误。这位员工思考问题的方式可能是正确的，动机也是好的（艾玛就是这样），但并不全面。他可能注意到了你忽略的一方面问题，可能在进行同样的思考前就作出了冲动的反应，原因多种多样。

步骤3：既然已经知道这位员工行事的原因，你就不仅能把自己的判断和发生的情况联系起来，还能将其与员工所采取的方法联系起来。你能向你的员工指出，想法是好的，但没有得到足够的信息。如果这位员工看到了你忽略的问题，你要就此向他表示谢意，看看该做什么工作。如果这位员工忽视了你的规矩，行事非常冲动，问题可能就比较严重了。但是，如果问题已清楚，处理起来就容易了。

简而言之，如果能遵循上面这三个步骤，你和员工就都能从这个事件中得到学习。

这样，下次你们就能做得更好。说这位员工有所心得，是因为他更好地理解了你的规章制度；说你有所心得，是因为你对这位员工的工作态度和工作方式有了更全面的深入了解。

有的员工希望能尽量晚上班，尽量少出力，然后溜之大吉——尤其是当薪水很低、工作很无聊的时候。他们对工作一无所知。应该尽力使他们遵守纪律，至少使他们的工作表现达到你的最低要求。

幸运的是，这样的员工毕竟是少数。大部分员工都是真心希望能把工作做好，让自己引以为豪。作为回报，他们希望得到尊重，并能发挥工作主动性。但是，如果像对待上一段里描述的那些员工那样对待他们，他们很快就会堕落为那些员工的同类。换句话说，你既能帮助他们培养其献身工作的精神，也能毁了这种精神。

不能没有了解情况就对员工横加批评

布莱特说："不完全是这么回事。乔·汤布打电话过来，问我是否可以……"

"我不管谁打电话给你。你知道我特意关照过先不要送过去！"

"我知道，可乔打电话过来说他真的需要……"

"还要我多说吗？我才不管是谁打的电话呢。你这是明知故犯。我真不知道该如何是好。快出去，让我一个人想想。"

"可是……"

"就这样了。快走——趁我现在还没有真的发火！"

布莱特违背了上司的命令了吗？非但你不知道，他的上司也不知道。因为这位员工没能先说明事实，所以他的上司没有任何理由严厉责骂他。经理的这类行为会对员工的士气造成极大的打击。

那么正确的做法应该是什么呢？

下面的例子说明应该怎样与布莱特谈话："布莱特，我听说你把我们草案的一个副本送到总部去了。是这样吗？"

"不，至少不是像你所想象的那样。乔·汤布打电话来要。他说他的老板有点紧张，希望能快点得到一个提纲。我告诉他会给他回电话的，然后就来找你。可是我没能找到你。听乔的口气，事情好像很严重，所以我问玛丽亚是否可以快点准备一个提纲——你知道，就是那份列出好处的提纲。她这么做了，于是我就把提纲送到乔那儿，并要求只让他和他的老板使用。说句实话，我不是想做一件错事——我只是觉得我们应该做点什么，我当时就是这么想的。"

现在，布莱特的上司至少了解了基本的事实。你觉得他还会像上面那样，把布莱特骂个狗血喷头吗？他当然不会。

即使布莱特的决定不怎么恰当——况且现在还看不出来——他也有完全正当的理由。

很清楚，讨论进行到这一步，布莱特的上司应该这么说："我还不能确定这是最好的处理方法，我们得谈谈。不过，你设法处理这件看上去似乎很棘手的事情，我还是非常感激的。谢谢你。"

然后，他们就对布莱特的处理方法是否得当进行讨论。

当听到某人显然犯了一个严重的错误，或是违反了什么规章制度，或是让你失望了时，你的自然反应就是认为确实做了你所听到的事情，从而立即采取措施。这样的反应是错误的，之前你必须弄清楚事实的真相。

那么你该怎么做呢？请遵循下列步骤。

步骤1. 告诉自己，应先弄明白事实的真相，因为有可能你对事情的了解，还不足以使你作出判断。

步骤2. 不要让感情占据上风。散一散步，完成一份报告，关上办公室的门大叫几声，做你必须做的事情。但在处理事情前要冷静地思考，因为一旦你的决定错误，要想抚慰便成了一件吃力不讨好的事情。

步骤3. 如果不是有特别的原因要相信听说的事情，先从有利于员工的方面提出质疑。这样做，就能为了解事实打好基础，或许还能帮助你更快地平静下来。

步骤4. 与那位员工面谈，告诉他你听说的事情，然后给他解释的机会。仔细倾听，积极思考，并向他提出问题。既不要听过算数，简单地接受他说的话——他的理由可能与事实相差甚远——也不要让他觉得你是在逼供。抽出必要的时间，去了解他对形势的看法。

步骤5. 有必要的话，获取更多的事实。这样你就能处理面对的情形了。

请认真看待这一点：经理们所犯的一些最严重的错误，往往是因为他们在尚未了解全部有关事实的情况下，就作出了决定。

是的，在质询一位员工时，他说的可能不是事实；是的，员工可能会在你同他谈话前慌忙掩饰自己的过错。但每次有类似的情况发生时——至少在一个运作相当不错的组织中——你最初得到的信息往往会欠缺关键的事实。如果依据这种不完整的信息行事，你就会做出错误的举动。

这并不意味着，你不能严格地对待自己的员工。也不是让你忙于分析，在得到必要的事实后仍不停手。这只是说，你应该作出明智的决定——为此就应该了解必要的事实。至少这对员工而言，是公正的。

不要通过批评和威吓来管人

你的管理风格不应基于批评和威吓，而应基于鼓励和支持。

下面是上级与员工之间真实的对话：

"你真以为我会接受这份报告吗？"

"我不这么想……"

"算你说对了——你不这么想！你只是毫无计划地把数据塞进报告。我根本读不通。"

"或许你可以让我来说明这是怎么组织的……"

"如果你一定要向我说明的话，我可以说这份报告并没有组织好。你还想保住这儿的工作吗？"

从上面这段对话中可看到，首先，如果员工们一直受到批评和威胁，他们就会寻找尽量保险的工作方法。

上面例子中的员工在报告中可能会有一两处创意；可以相信，修改之后，这些创意肯定就没有了。以后他也不会再在工作中采取主动。他会尽力完全按你的吩咐去做，然后就把你所要的东西交给你——不多，也不少。

其次，如果员工只是不断受到批评，就很难知道怎样工作才会更有效。看一看上面的例子。当上司说报告组织得不够好时，那位员工明白了吗？没有。而他懂得如何修改，使之更符合上司的期望了吗？没有。而他只知道自己做了些不同的事情，但丝毫不知道这到底是些什么事情——除了报告要"组织得更好"以外。

最后，这也意味着经理必须向每个员工说明自己要求的细节。而且在一开始，这样做是很必要的。如果员工从来没有做过类似的报告，或者没有为客户做过这样的报告，他可能就需要一些非常具体的指导。当他对这种报告比较熟悉之后，他就能独立完成任务。

因此，我们可以认为在管理工作中，如果经理们经常会这么认为，要使下属们表现良好，最好的办法就是对他们所做的一切吹毛求疵，那么这样做是行不通的，因为它让批评代替了经理的其他三个方面的重要工作：

1. 设定标准

批评员工已经完成的事情对获得好的结果毫无关系。要得到好的工作结果，就应该设定明确的标准，让每个员工都了解这些标准，然后参照这些标准对员工的工作结果进行衡量。

2. 提供反馈

每当要求一位员工改进自己的表现时，你应该向员工提供反馈。批评不是反馈的主要方面，不能代替反馈。好的反馈是客观的，以经理和员工都清楚的标准为依据。

3. 表示认可

如果什么也不对员工说就会使员工安于现状或消极怠

事。如果工作确实令人满意，那就向这位员工表达自己的满意之情，并向其表示感谢。如果工作很出色，那么就一定让员工也知道这一点。对不令人满意的工作表现也要承认，但必须加以改进。如果你的员工至少不是很差劲，那每批评一次，就至少应该表扬四次。

运用这些信息有三点非常值得注意：

1. 管理风格不应基于批评和威吓，而应基于鼓励和支持

你不能驱使人们尽力而为，但却能成功地鼓励他们这样做。在开头的例子中，那位经理至少可以在员工的报告里找到两到三处值得表扬的地方。

不要虚情假意，表扬那些平庸的或者不严谨的工作；也不要泛泛而谈说，"我非常欣赏你的工作方式"，没有说明你到底喜欢什么。对于员工而言，这些话没有丝毫的意义，他们需要的是具体的说法。

2. 提高工作的标准

最理想的是，你能为每一种类型的报告都设定一种标准。如果做不到这点，至少也应该有一个统一的标准，如"所有的报告都应该用日常英语写作，避免官僚作风"。和员工一起制定的标准往往是最有效的标准。但不管是否参与了标准的制定，员工对这些标准应该十分熟悉。

3. 设法让员工直接得到有关自己工作的反馈

如果你的公司有一大堆报告，就可以制定这样的制度，即每个员工的报告经过另外至少一位员工的检查。

如果把支持员工取得成功看作是自己的工作，那么就可以从团队以及每个员工那里得到最大的收获。

员工们是在为整个部门或团队工作，而不是在为你工作。所以，要尽你所能，坚持让他们做好工作、帮助他们做好工作。

达到上面这些要求的最好办法，是把自己想象成一个教练。出色的教练并不是没有感情，但也不会感情用事。他们向自己指导的每个运动员，以及整个球队倾注热情，使他们有上佳的表现。这些教练心里都非常明白，他们的成功是建立在整个队伍表现的基础之上。你也应该这样。

处在经理之位，仍以平级身份对待下属

经理与普通员工所扮演的角色是截然不同的。作为一个经理，最不讨巧的事情是时常纠正手下的行为。

有时即使工作进展得不错，你也得负责作出一些不受员

工欢迎的决定，虽然这些决定对于组织整体而言是最佳的选择。除非工作能由一群"乌合之众"来完成，否则普通员工与经理之间总会存在分歧。

如果想同时扮演两种角色，那么到头来只会两头不讨好。下属们会对你的"两面派"行为怀恨在心，而上司则要怪罪你办事不得力。你只好两头受气。

你会在大厅里偶然听到下面的对话：

"真不知道凯伦这些天是怎么了。星期二下班的时候她还和我们一块儿出去，像以前那样又说又笑。可今天她把我叫到办公室里，为了那项出价太高、进展缓慢的工作把我训了一通。一会儿当朋友，一会儿又要做我的老板。从没想到获得提拔后她会这样对待我们，太令人失望了。"

在一个工作群体中由普通员工提升为经理，你就得管理过去的同事了，这种处境的确让人感觉尴尬。尽管这样的选拔完全是一种正常的管理实践，也给新上任的经理增添了额外的心理负担。比较理想的情况是，你已经有所作为，让员工们意识到你们之间新的一种关系。假如情况没有变化，就应该首要解决这一问题。

召集所有的员工开一次会。会议不需要特定的主题，可以互相讨论会议的部分内容。但在讨论中，应特别提一下你作为经理与员工之间的关系：

"我认为自己从这个工作群体中提升为经理的确有一些好处。"我对这里的工作——你们的工作以及我以前的工作比较了解，我也认识这儿所有的人，知道大家应该怎样一起工作，知道我们的长处与不足。

"但是这也意味着，既然我现在成为经理，我的处事方式将有所改变。"也就是说，有时我会不得不作出一些并不受你们欢迎的决定。我还会同你们讨论工作表现、休假申请或是你们不会乐意接受的规定和要求。我可能不得不贯彻上级的决定——即使自己并不同意，因为我是管理集体中的一员。我们一起同事这么长时间，今后必须会有一段大家都不太好过的时间。

"我希望自己作为这个群体的一员，会起到积极的而不是消极的作用。我想开诚布公地谈谈这一变动，这将有助于大家作出适当的调整。"

最重要的一点是，你应该清楚一旦提升为经理，以前共事的人们将会用不同的眼光来看你。这并不必然意味着你们之间的社会关系不复存在。

下面是一些"应该与不该"的提示：

不要再介入是非长短的闲聊，因为你现在的任务是支持团队中的每一个成员。

不要再介入大多数办公室中常有的周期性"贬老板"运动，因为现在你也是管理阶层的一员，而且你自己也会成为被贬的人之一。

应该将能与员工继续保持关系视为一个机会，可以开诚布公地向他们转达自己对上级决策的态度——即便你认为这些决策对群体没什么好处。

有了对下属的了解，你就能对他们说："我认为这个决定存在一些问题，但我们大家还要团结起来，把它贯彻好。"

正因为你能和下属打成一片，他们往往比以前更加信任你，从而跟着你做一些勉为其难的工作。

应该以一个能看到日常工作中管理决策的影响的经理的身份，而不是普通雇员的身份，将与群体相处及工作的经验带到经理会议上去交流。

不应该将自己的新角色扮演得过火，与过去的同事作出没有必要的疏远。不要因为当了经理就一口官腔，摆出一副比以前同事高明的姿态。这样做的话，不仅会使就地提拔的好处丧失殆尽，还会在你与员工之间形成不和，不利于你今后的管理。

与下属打成一片和作为下属的一员，两者之间的界线是很鲜明的。模糊自己与下属之间的角色总归是不恰当的，而体贴、关心下属则永远正确。

作为经理，关键要赢得员工的信任与信心。

当从普通员工提拔为经理之后，即使群体因为有共事的经历而对你心存信任，但他们对你的新角色会有一段时间的观察，以决定能给成为经理的你多大的信任度。

在新的职位上犯一些错误难免，但处理这些错误的方式是坦率承认，知错就改呢，还是遮遮掩掩，不懂装懂——将会大大影响别人对你的信任水平。

刚开始时难以分清经理与同事之间的角色界限，后果还不是最严重的。无法向自己的群体成功传达角色变更的信息，或是无法恰如其分地扮演新的角色才是最要命的。

不要和其他人谈论员工的私人问题

出于各种原因，员工们总是不愿意自己的私事为外人所知。他们可能觉得这些事会让自己难堪；或是认为自己的事用不着别人来管；也可能是不想让自己疲于应付别人的询问或同情。但不管如何，是不是要为某件私事保密，完全应该让他们自己来决定。

问题在于，尽管不甚情愿，很多员工还是不得不让你知道一些事情。

你是上级，他们得让你了解一些个人问题的细节，以便向你解释自己为什么会旷工，为什么要求给予方便，等等。

让你知道这些事情的唯一原因是，在工作与个人要求之间作出平衡——这是他们唯一的办法。

如果某个员工真的乐意告诉你一些私事，完全是因为他相信你判断和处理事情的能力。他希望你不会在得到明确的许可前在办公室里大肆宣扬这些私事。

你辜负了别人对你的信任，尽管是出于好意，可这正是问题的症结所在。

你搞僵了和员工的关系，因为没有遵守保密的承诺，或者压根儿没认识到他不想把自己的事情搞得满城风雨。这种基于相互信任的关系一旦被破坏，员工就会对你失去最基本的信任。

这类事情真的比较棘手。有的员工可能并不在乎你告诉别人他的私事。

实际上，有些人之所以告诉你一些事情，是因为他们觉得其他员工从你嘴里得知这些事，要比他们自己说出来能方便一些。

离婚就是这样一桩常见的棘手事。员工对此事的态度有很多种类型。

第一种类型，如果你的员工同她的丈夫离婚了，她可能会不想让办公室里的同事知道。

如果别人通过其他渠道得到消息，她自会有一套说法，但她是一个非常注重个人隐私的人，不愿有同事知道任何个人生活的细节。

第二种类型的员工则可能更愿意让同事们知道她离婚的事，尤其是当她需要有一段时间来处理的时候，但她可能并不想自己公布。

她认为你是她的上级，如果能做好这个传话人，同事自然会慢慢地知道，用不着她操心。如果有别的员工前来安慰，她会很乐意同他们交谈的，但要自己说出来却会令人难堪。

第三种类型的员工希望别人知道她离婚了，但更愿意自己公布这事，因为她希望别人都能听到自己的陈诉。

她会想：偶尔的差旅可以让她从家事的烦恼中抽身出来，喘息一会儿；日常家务则给了她一个在家中照看儿子的机会。

人们对困难的反应是非常个人化、非常个性化的。说不上有什么对错，而别人也往往爱莫能助。因此，帮助处于困境的下属的最好方法是：

1. 表示你提供支持的意愿，如果被拒绝，也不要生气；

2. 要尊重员工的意愿，尽量满足他们的要求。

不要随意指使员工

每一位员工都希望自己的特长以及对工作的专注得到认同。

员工们希望得到经理的信赖，但决不愿意自己成为被随意指使的对象。

大多数员工都明白，工作中有很多自己职责范围内理应完成的任务。

但要是你老让同一个人不断地重复一项工作，却不曾对他这种特别的专长给予认同，员工就会感到十分懊恼。

每一位员工都希望自己的特长以及对工作的专注得到认同。

你应该了解员工的这种心理并加以利用。

为了不让员工有被随意使唤的感觉，可以做好下列的其中一条（都做当然最好）：

无论何时，当员工做了一份额外工作，或是为工作付出额外的努力时，都应该及时向他们致谢。

在与其他经理或组织打交道时，应维护自己员工的正当权利，没有必要每次都为自己的单位出头争活儿干，特别是当其他单位并不太忙的时候。争取在大组织里与其他部门通力合作的同时，多为自己部下的利益考虑考虑。

不要发号施令，多用请求的口吻。宣布让你的员工做质检随访与请他将这项任务安排在工作计划之内是有天壤之别的。

如果是请他做这项工作，而你们又相互信任的话，他多数会跟你讲自己的工作量太大了。这样，你就可以和他就解决问题的最佳途径作探讨。

尽可能让员工"自告奋勇"。如果有数位员工能胜任某项工作，即使知道他们中间有人难以从别的事项中抽身，也将工作交给整个单位，让员工们自己来作出安排的决策。他们可能会互换工作挤出时间来完成任务；也可能会对工作的期限与进程安排提出建议；他们兴许还能得出与你相同的解决方案——但这可是他们自己的方案。

你并不会大权旁落。大家还是把你当成老板，你有最后的决定权。但要是员工在工作安排上有发言权的话，给他们加压时就会少一些怨言，他们也会十分乐意接受你的最后决定。他们提出的方案甚至可能比你的更有效，因为他们才是在第一线工作的人。

一成不变地做事会让部下感到单调和枯燥。如果你只是在任务迫在眉睫时偶尔指使一下员工，后果可能不会很严重。

这里说的只是"偶尔为之"，实践中很容易将事事都看得非常紧迫，尤其当公司确实处于紧张环境下时（这是现在常有的现象）。

用不了多久，员工们就会因为你对他们的淡漠而横生怨意，怀恨在心。

这时，即使是在"正常"的日子里，工作效率也会降低——工作紧迫感随之产生，这就需要及时处理，于是又给你使唤员工制造了借口……这将会是一个恶性循环。

奖励工作出色的员工固然重要，但有效的激励方法除了物质奖励，还应包括对员工的认同。员工们也知道，你不可能总是给他们以物质上的奖励，即使是对他们业绩的正式认同，也不会随时随地都有。在很多组织中，这些正式的奖励机制是由更高层的管理人员掌握的。

　　但是，对于出色的工作，一句"谢谢"对你来说，没有任何损失，却能得到丰厚的回报。即使在我们这个并无多少权威主义影响的文化中，很多人喜欢"讨得别人的欢心"。在实现甚或超过你对他们的期望时，下属们会得到最大的满足。当他们真的做到这一点时，用一句简单的"谢谢，我真的非常满意"就足够了。